Broad Peak 1994

Første danske bestigning af en 8-tusinder i Karakoram

Broad Peak 1994

Første danske bestigning af en 8-tusinder i Karakoram

Artikler af ekspeditionens deltagere

Redigeret af Bo Belvedere Christensen

© 2020 Bo Belvedere Christensen

Forlag: Books on Demand GmbH, København, Danmark

Tryk: Books on Demand GmbH, Norderstedt, Tyskland

Cover: Jan Mathorne

ISBN: 9788743014591

ndholdsfortegnelse

Forord

Efter at have besøgt den nepalesiske del af Himalaya to gange på succesfulde ekspeditioner ønskede jeg og den gruppe, som jeg klatrede meget sammen med, at bestige et højt bjerg i den vestlige del af Himalaya, den Pakistanske del af bjergkæden.

Den vestligste del af Himalaya består bl.a. af et større bjergområde kaldet Karakoram. Dette bjergmassiv indeholder 5 af verdens kun 14 bjerge på over 8000 meter. Det mest kendte af disse bjerge er verdens andethøjeste, det 8611 meter høje K2. Men tæt på K2 findes en række interessante bjerge, som giver gode muligheder for at prøve sig selv i højden på nogle af verdens højeste toppe.

En af toppene er Broad Peak, som med sine tre toppe heraf den højeste 8047 meter udgør et stort massiv. Navnet Broad Peak kommer netop af bjergets store udstrækning og de 3 toppe på rad og række, som får Broad Peak til at virke som en stor mur.

Bjerget danner grænsen mellem Pakistan og Xinjiang, en vestlig beliggende kinesisk provins. I køreafstand/gåafstand ligger bjerget omkring 1000 kilometer fra Pakistans hovedstad Islamabad, men den direkte afstand er ikke mere end 500 kilometer. Den store forskel skyldes, at man for at køre fra Islamabad til Skardu, som ligger i udkanten af bjergområdet, må følge Indus floden, som i en stor bue ud mod vest følges det meste af vejen.

Vejen langs Indus floden er en del af silkevejen, de gamle handelsveje over land mellem Kina og Middelhavslandene. Der er derfor historisk vingesus over dette område.

Men det vigtigste for os i valget af Broad Peak var, at det går for at være et højt men relativt sikkert bjerg at bestige. At det så samtidigt ligger vis a vis K2 med kun en times afstand mellem de to basecamps, gjorde selvfølgelig ikke tiltrækningskraften mindre.

At vi ikke valgte K2 som mål i stedet er der mange gode grunde til. Vi var udmærket klar over, at det er en stor mundfuld, at gå i lag med K2 og bjergets farlighed er kendt i vide kredse langt udenfor klatresamfundet. Men tiltrækningen er der og at komme tæt på og få lejlighed til selv at vurdere, hvad der kræves for at tage udfordringen op, lå også i den langsigtede plan.

En yderligere grund til vores ønske om at komme ind i dette område er vejen derind. En stor del af trekket ind til basecamp følger en af de største gletsjere i verden udenfor polområderne, den cirka 70 kilometer lange Baltoro gletsjer. Dette trek er kendt som et af verdens hårdeste, men også et trek med fantastiske udsigter til helt utrolige bjerge; Paiju Peak, Baltoro Kangri, Uli Biaho, Mustagh Tower og den måske mest kendte, det 6257 meter høje Trango Tower samt det næsten 8000 meter høje Gasherbrum IV, der som en kæmpe mur står for enden af gletsjerdalen, når man går ind ad Baltoro gletsjeren.

Der var meget, der trak i os for at se dette område, men samtidigt syntes vi også det kunne være spændende at møde en for os helt ny kultur. Ingen af os havde før opholdt os i et udpræget muslimsk land.

Broad Peak ekspeditionen varede to måneder, og det blev to måneder fyldt med fantastiske oplevelser. Vi berettede hjem via en satellitforbindelse sponsoreret af det daværende Thrane & Thrane, skrev artikler og sendte billeder, så omverdenen kunne følge med i vores vej mod toppen. Beretningerne har for en stor del været trykt i aviser, men har ikke før været publiceret samlet. Dette tomrum søger jeg at råde bod på med denne bog.

Jeg har desuden bidraget med en række af mine billeder til illustration af bogen foruden nogle enkelte af andre af deltagerne, hvor der var huller i min egen billeddokumentation.

Jeg ønsker dig god læsning.

Bo Belvedere Christensen, Holte 2020.

Forventningens glæde

Det er ikke første gang, vi er på vej mod et 8-tusind meters bjerg, første gang var i 1991, hvor Jan Mathorne og jeg var meget tæt på at blive de første danskere, der nåede toppen af et af de 14 bjerge over 8000 meter. Under et forsøg i alpin stil etablerede vi 3 lejre over Advanced Basecamp (ABC) i nordøstpasset af Dhaulagiri.

Først den dag, vi gik mod toppen, ændrede vejret sig og vi startede ud i en forfærdelig storm. Efter omkring en halv time var vi begge så kolde, at der kun var en mulig beslutning, med mindre vi ville løbe en overhængende risiko for forfrysninger, at gå ned. Vi var under 300 højdemeter fra toppen af bjerget, men beslutningen viste sig at være meget fornuftig. Jeg havde små forfrysninger på nogle af mine tæer, heldigvis ikke med varige mén, men det ville være blevet meget værre, hvis vi var fortsat til toppen.

Søren Smidt kom på toppen af Dhaulagiri en uge efter Jan og jeg måtte afbryde vores forsøg. Nu er vi så på vej til vores andet forsøg på at bestige et bjerg på over 8000 meter. Målet er det 8047 meter høje Broad Peak. Bjerget ligger lige overfor K2 med en af de store gennemgående gletsjere imellem sig. Vi befinder os i det fantastiske Karakoram område i det nordøstlige Pakistan i året 1994.

Planen er at flyve ind til dobbeltbyen og hovedstaden i Pakistan Rawalpindi/Islamabad, flyve derfra til Skardu i det nordøstlige Pakistan, køre jeep herfra til Askole i bjergene, hvor muligheden for motoriseret transport slutter, gå herfra til Paiju og videre op ad Baltoro gletsjeren indtil Concordia pladsen samt det sidste stykke op ad sidegletsjeren, Godwin Austen gletsjeren, til basecamp i ca. 5400 meters højde.

Holdet består af:

- Henrik Jessen Hansen, læge og ekspeditionens leder, selv om vi ikke tager det med lederskab så seriøst. Vi er alle erfarne, men udadtil er det nødvendigt overfor myndighederne i 3. verdens lande at have en leder. Henrik er også god til at organisere og repræsentere ekspeditionen, så vi andre har det fint med at lade

9

ham have denne rolle.

- Jan Mathorne, ingeniør og projektleder indenfor teknisk kommunikation. Jan og jeg havde et rigtig tæt makkerskab på Dhaulagiri, som vi håbede at udbygge på denne ekspedition. Men i øvrigt var Jan og Henrik faste klatremakkere.

- Kim Sejberg, konsulent i Dansk Idrætsforbund, som i Alperne og under sportsklatring var min faste klatremakker. Kim havde ikke helt samme erfaring som os andre, men havde dog været på Mera Peak inden ekspeditionen.

- Bo Belvedere Christensen, geolog og IT projektleder, forfatter til denne og pt. 16 andre bøger.

Målet var fastlagt, så galdt det "kun" om at få rammerne parat, så vi kunne få råd, tid, fri og hvad der ellers skulle til, for at realisere drømmen.

Deltagerne ud over forfatteren fra venstre Kim, Henrik og Jan

Karakoram området

Broad Peak ligger i **Karakoram bjergområdet** som ofte betragtes som en af de østligste bjergkæder i Himalaya kæden. Andre betragter det som en separat bjergkæde. Set ud fra et geologisk synspunkt, så er det en del af den samme hændelse og ligger i fysisk forlængelse af resten af Himalaya, hvorfor jeg betragter Karakoram som en del af denne kæde.

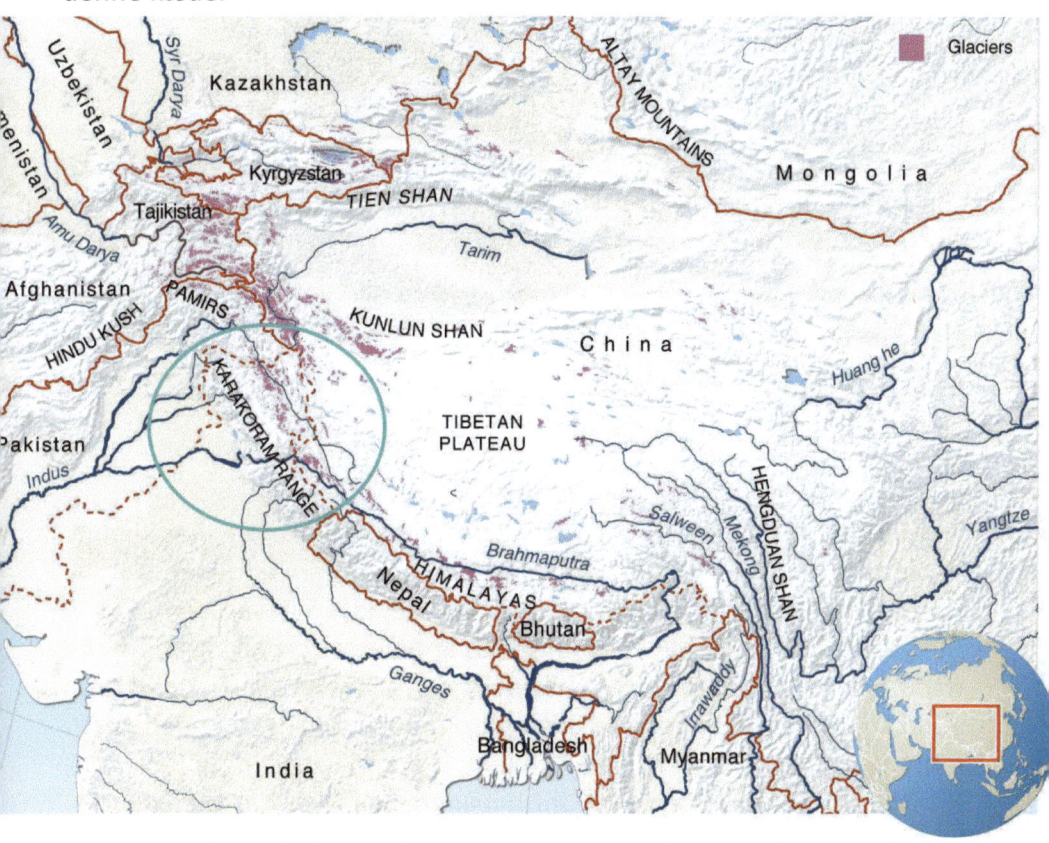

Himalaya kæden findes hvor det Indiske kontinent har kollideret med det Asiatiske kontinent. Karakoram findes længst mod vest i Himalaya kæden.

Karakoram ligger i det nordøstlige Pakistan og det nordvestlige Indien grænsende til Xinjiang provisen i Kina (sommetider stavet Sinkiang) og lidt ind i Afghanistan. Bjergområdet strækker sig over

11

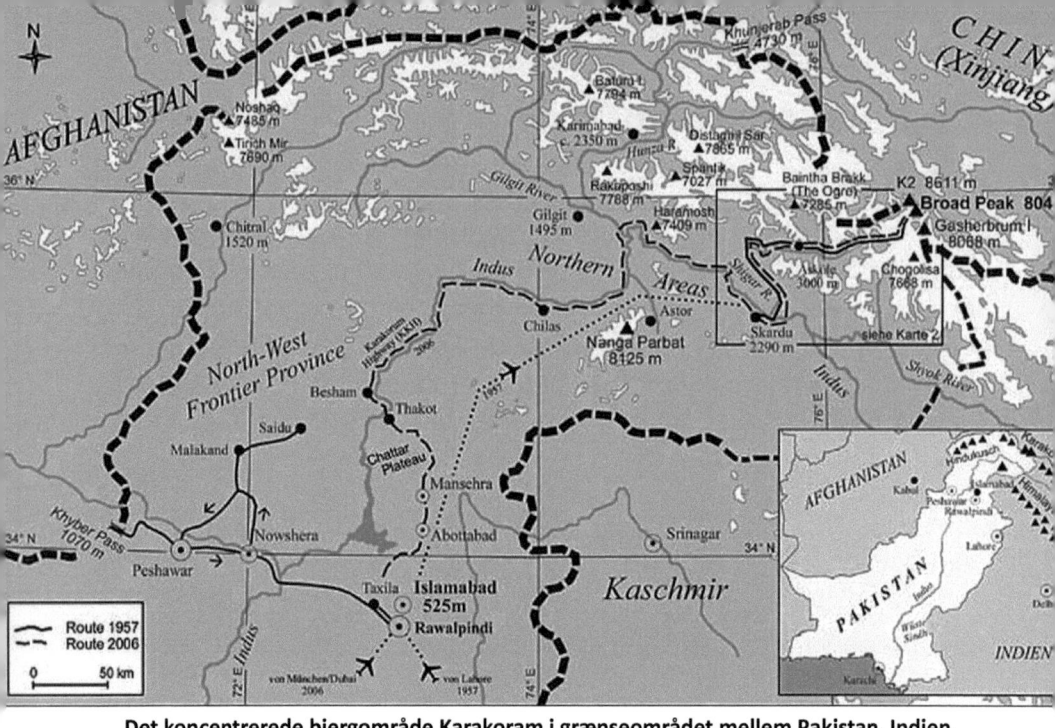

Det koncentrerede bjergområde Karakoram i grænseområdet mellem Pakistan, Indien, Xinjiang og Afghanistan.

500 km i vestnordvestlig – østsydøstlig retning og er det mest gletsjerdækkede område udenfor polområderne.

Mere end 60 toppe over 7000 meter findes i Karakoram, heriblandt verdens 2. højeste, det 8611 meter høje K2. Ydermere er der en stor koncentration af over 8000 meter høje bjerge, idet 5 af verdens 14 bjerge over denne højde findes her. Det er en utrolig koncentration, når man tænker på, at hele Himalaya kæden strækker sig over omkring 2500 km. Der er et andet koncentreret område i Himalaya kæden, idet området omkring verdens højeste bjerg, Mount Everest, også tæller 8-tusinderne Lhotse, Cho Oyu, Shishapangma og Makalu . Men de resterende af de 14 er spredt ud over et noget større område.

Den følgende tabel viser listen over de 14 højeste i verden, hvor Karakoram området således er repræsenteret med 5 bjerge.

Bjerg	Sted	Højde	Førstebestigning	Dato
1. Everest	Nepal/ Tibet	8.850	Edmund Hillary (New Zealand), Tenzing Norgay (Nepal)	29.5. 1953
2. K2	Pakistan/ Kina	8.611	A. Compagnoni, L. Lacedelli (Italien)	31.7. 1954
3. Kangchen-junga	Nepal/ Indien	8.586	G. Band, J. Brown, N. Hardie, S. Streather (UK)	25.5. 1955
4. Lhotse	Nepal/ Tibet	8.516	F. Luchsinger, E. Reiss (Schweiz)	18.5. 1956
5. Makalu	Nepal/ Tibet	8.463	J. Couzy, L. Terray, J. Franco, G. Magnone-Gialtsen, J. Bouier, S. Coupé, P. Leroux, A. Vialatte (Frankrig)	15.5. 1955
6. Cho Oyu	Nepal/ Tibet	8.201	H. Tichy, S. Jöchler (Østrig), Pasang Dawa Lama (Nepal)	19.10 1954
7. Dhaulagiri	Nepal	8.167	A. Schelbert, E. Forrer, K. Diemberger, P. Diener (Schweiz), Nyima Dorji, Nawang Dorji (Nepal)	13.5. 1960
8. Manaslu	Nepal	8.163	T. Imamishi, K. Kato, M. Higeta, (Japan) G. Norbu (Nepal)	9.5. 1956
9. Nanga Parbat	Pakistan	8.125	Hermann Buhl (Østrig)	3.7. 1953
10. Annapurna	Nepal	8.091	M. Herzog, L. Lachenal (Frankrig)	3.6. 1950
11. Gasherbrum I	Pakistan/ Kina	8.068	P. K. Schoeing, A. J. Kauffman (USA)	4.7. 1958
12. Broad Peak	Pakistan/ Kina	8.047	M. Schmuck, F. Wintersteller, K. Diemberger, H. Buhl (Østrig)	9.6. 1957
13. Gasherbrum II	Pakistan/ Kina	8.035	F. Moravec, S. Larch, H. Willenpart (Østrig)	7.7. 1956
14. Shisha Pangma	Tibet	8.013	Hsu Ching og team på 9 (Kina)	2.5. 1964

Følgende tabel viser **de 20 højeste i Karakoram** området, og Gasherbrum gruppen, hvortil Broad Peak også ofte regnes, må siges at have en vis vægt her, selv om de laveste i gruppen ikke er repræsenteret.

Bjerg	Andet navn	Højde
K2	Qogir Feng	8.611 m
Gasherbrum I	Hidden Peak	8.068 m
Broad Peak	Phalchen Kangri	8.047 m
Gasherbrum II		8.035 m
Gasherbrum III		7.952 m
Gasherbrum IV		7.925 m
Distaghil Sar		7.885 m
Kunyang Chhish		7.852 m
Masherbrum I		7.821 m
Batura I		7.795 m
Rakaposhi		7.788 m
Batura II		7.762 m
Kanjut Sar		7.760 m
Saltoro Kangri		7.742 m
Batura III		7.729 m
Saser Kangri		7.672 m
Chogolisa		7.665m
Haramosh Peak		7.397 m
Baintha Brakk		7.285 m
Muztagh Tower		7.273 m

Verdens største gletsjere udenfor polområderne og Grønland ligger i Karakoram bjergområdet; Siachen gletsjeren med sine ca. 70 km længde og Biafo gletsjeren med omkring 63 km. Baltoro gletsjerens godt 60 km strækker sig fra hjertet i bjergområdet ud mod de tørre, næsten ørkenagtige områder, som befinder sig vest for bjergene. Baltoros opland er stort, da den får sit ismateriale fra flere forskellige gletsjere. De fleste af disse flyder sammen ved eller i nærheden af Concordia, en stor plads nedenfor Gasherbrum IV og kun få timers march fra K2 basecamp.

De største **gletsjere, som føder Baltoro gletsjeren** er Godwin Austen, Vigne, Øvre Baltoro, Broad Peak, Gasherbrum og Abruzzi gletsjerne. De mange midtmoræner ned gennem Baltoro gletsjeren markerer grænserne mellem de forskellige gletsjere selv langt ned ad Baltoro. Set oppe fra bjergene eller fra et fly ligner Baltoro gletsjeren derfor en stor motorvej med flere spor.

Baltoro gletsjerens domæne er stort og indeholder utallige både store og mindre sidegletsjere og en stak af verdens højeste bjerge. I billedet herunder ses hele Gasherbrum gruppen, som står lige for enden af Baltoro gletsjeren. Herudover ses af andre store bjerge bl.a. Baltoro Kangri (også kaldet Golden Throne, 7312 meter) og Chogolisa (også kaldet Bride Peak, 7665 meter).

Ofte regnes Broad Peak med i Gasherbrum gruppen, hvilket kan undre, da bjerget ikke indgår i det lukkede U, som resten af gruppen danner. Til gengæld er der ikke dybt nedskårne pas mellem Gasherbrum og Broad Peak, idet kun Falchan La (Falchan passet) på ca. 6700 meter adskiller bjerggrupperne.

At komme ind til Broad Peak tager tid og turen deles i flere etaper:

1. Fly eller bus (oftest bus pga. ustabilt vejr) fra Islamabad til Skardu, hovedbyen i området nær bjergene. Busturen varer omkring 24 timer, når Karakoram Highway, som vejen prætentiøst kaldes, ellers ikke er skredet sammen. Den var f.eks. hårdt ramt af det kraftige jordskælv i Pakistan i 2005 og det tog lang tid inden den var genopbygget.

2. Jeep fra Skardu til den lille by Askole eller et sted på vejen noget nedenfor byen, idet man sjældent kan komme helt til Skardu pga. sammenskredne veje. Denne etape tager en lang dag i værste fald længere. Og det kan blive nødvendigt at bære al bagagen over sammenskredne vejpartier. Heldigvis er det hverdagskost for bærerne i området, som hjælper med dette blot for at være mere sikre på at få et job som bærere, når ekspeditionen for alvor starter ind mod bjergene.

3. Trekkingtur på typisk 8 dage. 3 dage først gennem frodige dale med rismarker og afgrøder, så gennem knastørre og ofte varme dale til Paiju, hvor bærerne som regel kræver en dags hvile til forberedelser inden de går op på gletsjeren. Kort efter Paiju går turen op på Baltoro gletsjeren og resten af trekket foregår op over den og de mindre gletsjere højere oppe i området. Ved Concordia pladsen, hvorfra både K2 og Broad Peak står majestætisk for dig, drejes mod venstre (nord) indtil basecamp nås omkring 3 timer senere.

Historik

De høje toppe i Karakoram kæden blev første gang set af landmålere, da Thomas George Montgomerie fra "The Great Trigonometric Survey of India" i 1856 spottede en række høje toppe, som han kaldte K1, K2, K3, K4 og K5. K'et står for Karakoram og numrene er udelukkende den rækkefølge han så dem i fra vest mod øst og har derfor intet med højden af bjergene at gøre.

I dag er de kendt som Masherbrum (K1), Broad Peak (K3), Gasherbrum II (K4) og Gasherbrum I (K5). Glemte jeg en? Ikke rigtig, idet K2 beholdt sit opmålingsnavn, som det eneste bjerg. Og selv om andre navne såvel vestlige (Mount Goodwin Austen) og lokale (Qogir Feng) har været foreslået, så hænger K2 fast. Og måske ikke så sært, når det nu er verdens andethøjeste.

Broad Peak har fået sit navn pga. den meget langstrakte top med tre toppe strækkende sig over en distance på omkring 1,5 kilometer. Det var britten Martin Conway, som navngav bjerget.

Bestigningshistorien for Broad Peak

Førstebestigningen af Broad Peak lykkedes den 9. juni 1957, hvor en østrigsk ekspedition nåede toppen. Det var deres andet forsøg på at nå toppen, idet Wintersteller og Diemberger i første forsøg den 29. maj måtte vende om ved fortoppen i 8030 meters højde. Ekspeditionen bestod af Fritz Wintersteller, Marcus Schmuck, Kurt Diemberger og den nærmest legendariske Hermann Buhl. Herman Buhl blev den første, som førstebesteg to 8-tusind meters bjerge, idet han allerede i 1953 havde foretaget førstebestigningen af Nanga Parbat i et solo-topforsøg. Ekspeditionen var i øvrigt unik i og med at de ikke benyttede sig af bærere på bjerget og ikke benyttede ilt, hvilket nærmest var standarden på det tidspunkt.

Herman Buhl døde desværre kort tid efter, da han og Kurt Diemberger forsøgte førstebestigningen af det 7654 meter højde Chogolisa. Buhl faldt ned med et stykke af topvækten, da han i tæt tåge kom for tæt til kanten. Et stort stykke af vækten var brækket af, kunne Diemberger konstatere, da han undrende over, hvor vennen blev af, vendte tilbage til stedet for at lede efter Buhl. Kurt Diemberger overlevede og blev den anden og sidste, som kunne smykke sig med to førstebestigninger af 8 tusind meter høje bjerge, idet Kurt Diemberger i 1960 deltog i en Schweizisk ekspedition til det den gang ubestegne Dhaulagiri. Adskillige deltagere incl. Diemberger nåede toppen efter et længere ophold i stor højde.

Andre bestigninger og forsøg kan ses i den følgende tabel som opsummerer de vigtigste begivenheder på Broad Peak.

Herman Buhl på vej op ad Chogolisa mens alt endnu går godt. Buhl og Diemberger må dog vende om kort efter og vækten i baggrunden er den, der knækker under Buhl, da han kommer for tæt på kanten. Hans lig er aldrig fundet.

Dato	Team/Land	Beskrivelse af ekspeditionen
1889-1929	Italienere og englændere	Opmålere dokumenterer, fotograferer og opmåler Gasherbrum gruppen. Den britiske eventyrer William Martin Conway introducerer navnet Broad Peak.
1954	Tysk ekspedition ledet af Karl Herligkoffer	Forsøget fejler pga. en langvarig storm og ekstrem kulde
1957	Den østrigske ekspedition ledet af Herman Buhl	Gennemfører førstebestigningen af bjerget i andet forsøg.
1983	Polsk ekspedition	Kristina Palmowska når fortoppen af Broad Peak. Kalder sig selv første kvinde på toppen, men toppen ligger yderligere omkring en time efter denne.
1984	Polsk ekspedition	Krzysztof Wielicki bliver den første, der solobestiger Broad Peak. Han gennemfører på 21,5 timer.
1992	Spansk/italiensk ekspedition	Enric Dalmau Ferré, Òscar Cadiach, Alberto Soncini og Lluís Ràfols bliver de første, der bestiger Broad Peak fra Xinjiang siden.
1994	Første danske ekspedition	Første danske ekspedition til bjerget gennemføres. Jan Mathorne og Bo Belvedere Christensen når toppen.
1994	Ikke kendt	Carlos Carsolio gennemfører en ny mere direkte rute på samme side af bjerget som normalvejen.
2013	Polsk ekspedition	Gennemfører den første vinterbestigning.

Papirarbejde

Af Henrik Jessen Hansen.

Kontrasten mellem en våd forsommerdag i København og tropenatten i Islamabad er enorm. Efter 6 1/2 times førsteklasse i PIA-flyet er vi landet i Pakistans hovedstad kl. 2 om natten. Og her er varmt, tørt og støvet.

Fra tidligere dårlige erfaringer med toldmyndigheder i Nepal ved vores tidligere ekspeditioner ser vi frem til at tilbringe det meste af natten med forhandlinger og måske bestikkelse. Men nej, efter 3 kvarter står vi i ankomsthallen med vores 200 kg. og den eneste embedsmand vi har talt med var politimanden, der stemplede vores pas.

Vi modtages af en repræsentant fra vores agent Expedition Pakistan og køres til Paradise Inn i Rawalpindi.

Her indlogeres vi på et billigt men godt 4-personers værelse med den helt nødvendige vifte og airconditionanlæg. Men der er stadigvæk 35 grader.

Rawalpindi er en millionby beliggende midt i Pakistan. Islamabad er en ny hovedstad beliggende 20 km herfra. Den blev påbegyndt i 1961 og minder nok om tilsvarende byer i Brasilien og Australien. Der er store, lige hovedgader omgivet af monumentale banker og regeringsbygninger. Der er plads til militærparader og der er et kolos af et præsidentpalads.

Samtidig er der i krogene gadehandlere og overalt kører gamle, små og meget forurenende biler rundt i et sandt inferno. Vi er også i et 3. verdens land.

Efter 4 timers søvn i saunaen skal vi op og igang. Vi vil gerne hurtigst muligt gennem papirarbejde og indkøb så vi kan komme op til bjergene og bruge vores tid der. Efter morgenmaden er der endnu en positiv overraskelse: vores 220 kg. cargo står i hotellets indkørsel. Agenten har fået det ind i Pakistan uden omkostninger og til tiden. I 1991 på Dhaulagiriekspeditionen tog dette en uge og kostede en formue i bestikkelse.

20

Nærste punkt på dagsordenen er møde med vores L.O. (forbindelsesofficer). Det er en person som dels skal overvøge at vi overholder lovgivningen og reglerne, der er tilknyttet vores klatretilladelse (-og det er mange, ca 125 paragraffer) og dels skal han hjælpe med lokale forhold og forhandlinger. I Pakistan er det militærfolk, og vi har fået tildelt kaptain Syed Kazmi. Han er også en meget positiv overraskelse, han er 26, selv bjergbestiger og easy-going med en veludviklet humorritisk sans. Hans egne bjergbestiger ambitioner kommer dog noget bag på os, da sådanne ambitioner kun findes hos en ud af 50 L.O.'er. Han synes dog på den anden side ikke om vores ide med en letvægtsklatrestil, da han gerne selv vil højt på bjerget, men ikke er fortrolig med mere sportslig klatring.

Vores Liasson Officer Syed Kazmi.

Bo og jeg tager en taxi ind til vores agents kontor i Islamabad. Det er en varm opblevelse, der er 45 grader i skyggen og en luftfugtighed på 16%. Vi ordner forsikringer til bærer, L.O. og vores basecamp kok; samt et miljødepositum på 1.000 USDollar (tidligere svinede store nationale ekspeditioner med hundredvis af bærer den følsomme bjergnatur til. Det er en udemærket ide med et depositum som kan inddrages til oprydning og som ikke mindst virker forebyggende.

Ekspeditionen skal ligeledes stille en helikoptergaranti på 4000 USD til eventuel redningsaktion via det Pakistanske militær. Denne garanti har vi deponeret i udenrigsministeriet i København. Bo besøger den danske ambassade og får en erklæring om at garantien foreligger.

På grund af Ashora er alle offentlige kontorer lukket 2 dage og for ikke at blive forsinket vil vi derfor gerne have overstået alt officielt på den første dag. Det er fast arbejde i varmen men ved 16 tiden kører vi alle dvs. os 4 danskere, Kazmi, vores agent Qaiser Khan samt yderligere 2 fra hans kontor til turistministeriet. Her tales der en time på primært urdu en gang imellem er det dog også engelsk. Reglerne gennemgås vistnok og lige pludselig er det overstået.

15 timer efter vi er landet er alle officielle papirer i orden. Alle fortæller os at der ny rekord.

Efter en lang dag men meget positiv dag er vi trætte men samtidig overstadige over, at det går så let - og det er ulideliget varmt på værelset.

Men alt går selvfølgelig ikke så let. Næste dag byder på 10 timers forhandlinger med agenten om mad, lejrudstyr, udstyr til L.O., kok og bærere samt om afregning. Selv om vi er en lille ekspedition skal vi stadigvæk have med til 6 uger på en gletsjer og beregningerne ender op med godt 40 bærerlæs á 25 kg.

Forhandlingerne bliver ikke lettere af adskillige tolkninger af regler og af vores brevvekslinger gennem det sidste års planlægning. Desuden er alle ikke lige stærke i engelsk og vores urdukendskab er yderst begrænset. Kl. 20 opgiver vi at nå det hele. Næste dag er helligdag og vi må udsætte afrejsen en dag for at kunne nå de sidste indkøb på en hverdag.

Problemerne med kaptajn Kazmi ordner vi i al ro. Han skal ifølge loven have en masse udstyr så han kan være med på bjerget så højt som ekspeditionslederen skønner ansvarligt. Dette udstyr havde vi af økonomiske årsager bestilt i Pakistan, men det havde vores agent misforstået. Vi klarer det ved at give ham noget af vores reserveudstyr og det lykkes Qaiser Khan at fremskaffe resten.

Onsdag d. 22.6 forhandler vi det sidste på plads, men det bliver dyrt. Vi vil gerne gøre det så let som muligt, men en ekspedition er en stor maskine der kræver en masse. Vi ender med at købe udstyr, mad og brændsel til os og bærerne for 7500 USD og veksle 5500 USD til rupies til bærerlønninger.

Det er alle vores medbragte penge, men vi har efter aftale med Den Danske Bank derhjemme mulighed for at hæve via det internationale

SWIFT-pengeoverførselssystem. Vi henvises til Bank of America et fint og afkølet marmorpalads men de slår ud med armene og siger "Sorry we are in Pakistan". Hjemmefra sagde banken, at det ikke ville være noget problem, men efter 1 1/2 time med argumenteren, råben og en samtale med manageren samt adskillige telexer hjem ender vi med at hæve små beløb på vore visakort. Godt vi tog kontanter og ikke troede på det internationale banksystems velsignelser.

Kazmi prøver noget af det udstyr og specielt støvler, som vi har skaffet til ham. Det meste er reserveudstyr og lidt ældre udstyr, men vi får stillet ham tilfreds.

Bo, Kim og Jan (der tager billedet) tester satellitkommunikationsudstyret, som Thrane & Thrane har stillet til rådighed for os. På dette tidspunkt var det primært tekst, man kunne sende, men vi kom også igennem med billeder i relativt lav opløsning. Men digitalkameraer var heller ikke kommet på markedet endnu, så det var billeder fra videokameraer.

A shora

Af Kim Sejberg.

I dag skal vi overvære den årlige shia muslimske helligdag, som kaldes Ashora-E-Musharram.

Dagen er til minde om en begivenhed som fandt sted i Medina, Saudi Arabien for 1400 år siden.

Her levede Hussein, som var nevø af den hellige profet Muhammed. Hussein var blevet oplært af Muhammed og var derfor selvskreven som den åndelige og spirituelle leder af muslimerne, hvilket i praksis betød at han tolkede religionen og anviste den rette levevej ifølge koranen. På samme tid var den formelle hersker over landet Yazzid, der i kraft af arvefølge havde overtaget tronen.

Yazzid følte ikke at folket anerkendte ham som herskeren - og derfor var Hussein selvfølgelig en alvorlig torn i øjet. Med tiden opfattede Yazzid i større og større grad Hussein som en egentlig trussel mod hans magt, da han var overbevist om, at folket ville følge Husseins anvisninger i stedet for hans egne.

Yazzid kræver derfor at Hussein offentligt erklærer ham for den eneste og rigtige leder af muslimerne. Det nægter Hussein og flygter i stedet sammen med 72 tilhængere mod Irak, hvor han ønsker at slå sig ned ved Eufrat flodens bred og leve et fredfyldt liv.

Så nemt kommer det imidlertid ikke til at gå, da Yazzid sender sine tropper efter de flygtende, indhenter dem og tvinger dem ind i ørkenen uden mad og drikke. Tropperne belejrer nu Hussein og de 72 nogle dage indtil de er udpint af tørst. Så rykker tropperne frem og det kommer til et blodigt slag, mand mod mand, hvorunder alle Husseins tilhængere dræbes, heriblandt hans 2 ældste sønner. Hussein er nu tilbage med sin 6 mdr. gamle søn, som han tager i armene og går frem mod fjenden for at bede om nåde for sin søn. Fjenden svarer ved at skyde mod Hussein - og sønnen dræbes af en pil i halsen. Hussein kæmper nu alene og først da de omringer ham og angriber samlet, lykkes det dem at overmande og dræbe ham.

Vi er jo så nu 1400 år senere, men massakren og uretfærdigheden er ikke og bliver aldrig glemt.

Hvordan den mindes får vi snart at se, da vi med Kazmir tager til Rawalpindi centrum, hvor en stor procession bevæger sig rundt af en fastlagt rute og stopper op på bestemte steder, hvor store menneskemængder er samlet.

Vi selv har med Kazmirs hjælp fået "balkonplads" på et hustag et par meter over torvet. Det vi nu bliver vidner til er næsten umuligt at forstå, selv om vi kender baggrunden. Det tætteste vi kommer er en accept af andres ret til at tro hvad og hvordan de vil, samt vel tillige en indsigt i en åndelig styrke vi ikke kender fra vor egen religion.

Hundredevis af hvidklædte undge, voksne og ældre mænd i lange rækker fylder nu torvet og under en fælles messen begynder de at slå sig selv på kroppen med hænderne. Da det har stået på en tid blotter de overkroppen helt og fremdrager hver især nogle overordentligt ubehageligt udseende kæder med små krumme knivsblade i enderne.

Vi mærker nu tydeligt atmosfæren fortættes, der er stille i nogle sekunder før den lavmælte messen starter igen, nu med navnet Hussein, der gentages igen og igen, mens kæderne rytmisk slås mod ryggen med større og større kraft. Blodet pibler nu frem over alt og mens der er en kort pause går sortklædte hjælpere rundt og sprøjter vædske på både sår og kæder. Dette ritual gentages gang på gang med stadig stigende intensitet. I "pauserne" forsøger tilskuerne at stoppe dem, som har pådraet sig større skader.

Det lykkes ofte kun under mindre slagsmål - og vi ser flere blive båret væk med åbne kødsår på ryggen.

Da det hele er overstået og processionen drager videre, er der blod overalt og der lugter som på et slagtemarked i Marokko, men med den ikke uvæsentlige forskel, at her er der ingen dyr som har måttet lade livet.

Kazmi, som i øvrigt selv er Shia, fortæller os at i tilfælde hvor tilskuerne ikke tidsnok griber ind sker det, at slagene, når euforien bli'r for stor, rettes mod hovedet, ofte med alvorlige skader til følge.

Det får vi iøvrigt et håndfast eksempel på en uges tid senere i Jola, hvor vores messetelt med minuts varsel bliver omdannet til operationsstue.

Udenfor vores telt sidder en bærer på hug med blodet strømmende ud af hovedet og hans kammerater står ved siden af uden at kunne gøre noget som helst.

Vi rydder hurtigt teltet, får lagt en pressenning på jorden - og i en blanding af pande- og petroleumslampeskær går Henrik i gang med at undersøge ham. Det viser sig, at være et stort sår - åben pulsåreblødning i hovedbunden, netop forårsaget af slag med kæderne. Med os andre 3 i vores debut som operationsassistenter får Henrik hurtigt kontrol over det - og uden bedøvelse men under en del grimasser syer Henrik ham sammen.

Efter det er overstået og efter en lettere rengøring sætter vi os endelig til bords.

Som afrunding på denne lille hændelse, må det med, at Henriks feltkirurgi er så god, at bæreren næste morgen har den vidunderlige frækhed at spørge os om et løntillæg på 10 kr, angiveligt fordi han måtte gå ned med hovedpine.

Turen ud til bjergene

Af Jan Mathorne

Kroppen nægter at tro på det. Vi bliver vækket kl. 3.20 efter ca. 1 times søvn. Men hovedet kan godt huske at det er idag, vi med bus skal væk fra heden. Efter 4 dage med formalia, madplaner og pakkelister er vi nu parat. Dagen igår bød efter en stille start på hektisk pakning. Det viste sig, at den mængde mad, vi havde bestilt via Expedition Pakistan, ikke stemte helt, så alt skulle pakkes ud og ind igen. Derudover skulle det pakkes i sække/tinbokse i portioner af 25 kg. Hvis de vejede for meget ville bærerne brokke sig - hvis de vejdede for lidt skal vi betale for flere bærere. Denne kabale gik først op et godt stykke over midnat.

Morgenmaden var ikke klar som bestilt, så vi kommer først afsted lidt over 5. Temperaturen er ca. 35 grader, men den skal nok stige. Bussens alder er ubestemmelig men både den og chaufføren virker kompetente på halvdårlig vej.

De tre andre falder hurtigt i søvn trods den bumpende bus. Udenfor bliver landskabet ørkenagtigt og dromedarer ses hist og her. På bussen er det kun forrude og bagrude der er faste resten kan trækkes væk, hvilket de fleste også er. Det giver en voldsom træk, men det er den eneste måde, hvorpå man kan holde kropstemperaturen nede på 37.

Efter 15 timers skumlen kommer vi til byen Chilas, hvor vi skal overnatte. Vi finder hurtigt vores værelser og efter aftensmaden er det på hovedet i seng. Vi skal også tidligt op i morgen.

Andendagen er nogenlunde lige som førstedagen. Landskabet bliver mere goldt og øde og vejen lidt dårligere. Hele dagen kører vi langs Indusfloden der brun og mægtig drøner afsted. Hvis den skrøbelige vej skulle give efter eller der skulle komme et større jordskred ville kunne fiskes op mange hundrede kilometer længere nede.

Midt i den værste hede holder vi ind ved et vandfald. Det er utroligt fristende at drikke det kolde vand, men det kan vi ikke. Det meste vand (byerne inklusive) er for forurenet til vestlige maver. At drikke heraf bliver prompte afstraffet med et par dages tynd mave. Vi køber i stedet for en hel vandmelon, som vi selv skærer ud og spiser. Det er en pragtfuld måde at få dækket vædskeunderskuddet på og meget bedre end det nu lunkne sikre vand fra hotellet i morges.

Efter 11 timers kørsel når vi Skardu, der ligger i en bred floddal omgivet af store bjerge, der dog er uden sne på toppene. Vejen vi har kørt på hedder Karakoram Highway og de ca. 800 km. har taget 26 timer ikke imponerende men meget typisk.

Om aftenen begynder min mave at rumle for alvor og i løbet af natten og næste morgen kommer Kim og Henrik også med: tynd mave ! Gætterierne om hvor vi har fået noget dårligt begynder. Morgenmaden ?

Vandet vi havde med i bussen ? Frokosten med vand fra en "safe" kilde ? Vandmelonen ? Abrikoserne vi købte på vejen ? Vi tror mest på frokostvandet eller abrikoserne. Men ligegyldigt hvad årsagen er, er 3 af os ukampdygtige. Bo er heldigvis "oppe" og kan hjælpe med ompakningen. Han har også lidt de sidste 2 dage med køresyge. Sidst på eftermiddagen kan han fortælle os, at vi får brug for 57 bærere ! Det er lidt af et problem for os, da vi kun har forsikringer og udstyr med til 50 og måske heller ikke har penge nok med til lønninger. Vi bliver dog reddet af, at vi øjensynligt har misforstået bærerlønningerne lidt, så der skulle være penge nok. Det er ellers første gang, at de økonomiske overraskelser er i vores favør eller er det meste blevet dyrere eller der er pludselig kommet ekstra omkostninger til. Ved aftenstide er vi ikke alt for optimistiske mht. 8 timers jeeptur med hullede veje og dårlige maver.

Det viser sig dog at gå bedre end frygtet. Vejen er skåret ind i bjergsiderne nogle steder underbygget af stensætninger og nogle steder sprængt ind i klippen. Vandløb forceres uden broer. Men ellers er vejen i rimelig stand og enkelte steder er 4-hjulstræk nødvendigt.

Et sted er der skredet en del grus ned over vejen og det tager os en halv time at få de tre jeeps forbi. Det undrer os meget at ingen af jeepene har en skovl med, da det ser ud til at være normalt med grusskred, som man må fjerne for at komme videre. Endvidere undrer det os at vejen kun lige netop bliver repareret og ikke udbedret grundigt, så de næste kan komme ubesværet over. Det er nok meget typisk for Pakistan.

Nogle timer senere er det samme sket igen og hundrede meter længere fremme er hele vejen forsvundet i floden. Der er ikke andet at gøre end at sende en bærer i forvejen efter jeeps på den modsatte side og så i mellemtiden selv bære bagagen over. På vej tilbage efter at have båret et læs over bliver en af bærerne ramt af en sten og får et et cm. dybt kødsår i benet. Henrik hiver medicinrygsækken frem og lapper ham sammen med et par sting. Med et par timers forsinkelse ankommer vi til Askole, hvor vandringen starter.

Et af skredstederne, hvor vi må opgive at komme igennem. Bagagen bliver båret over og der er jeeps fanget på den anden side, som fragter os videre mod Askole.

A nsættelse af bærere

Af Henrik Jessen Hansen.

I nærheden af Askole har vi vores første overnatning i telt. Inden vi begynder at trekke skal vi have bærere og i Skardu, mellem toiletbesøgene, aftalte vi et cirka antal med en lokal bæreragent. Nu er antallet pludselig oppe på 62 hvad vi ikke kan forstå. Vores pakistanske "venner" mener bl.a. at vi har brug for 250 liter petrolium (=10 bærer) og enorme mængder mad.

Inden vi begynder at ansætte bærerne gennemgår Kim og Bari (vores sirdar, en mand fra vores agent der skal styre det praktiske) alle ladningerne, og pludselig er der fx 100 kg kartofler i stedet for 50 kg og

Kazmi og Bari i gang med udvælgelsen af bærere, der bliver noteret flittigt på nogle papirer, som vi skal have med.

extra 25 kg linser. På denne måde sorterer de det hele igennem igen, og vi ender på at skulle bruge 54 bærere.

"Ansættelseudvalget", hvis man kan tale om et sådant, består af Kazmi, Bari, en bærersirdar og jeg som ekspeditionsleder og læge. Bærersirdaren kalder bærerne frem en efter en, jeg godkender, at han ikke har større skavanker, Bari udleverer sko, sokker, handsker og solbriller samt en 25 kg's ladning. Tøjet, siger reglerne meget rimeligt, at de skal have til gletcheren (men ingen af den bruger fx solbrillerne).

Det går glat i starten, men efterhåden kommer der flere til ved rygtet om arbejde. Da de kan se at der ikke er nok til alle, er der nogle, som begynder at slås om ladningerne og vil hugge dem fra hinanden. "Ansættelsesudvalget" må lægge sig imellem og skille dem ad.

Efter at gemytterne har lagt sig og læssene er fordelt, skal vi blive enige om løn og skrive kontrakt med alle. Der er ikke så meget at forhandle om, da de lokale bæreroverhoveder og trekkingagenterne har lavet en rammeaftale i henhold til lovgivningen.

Vi forhandler om antallet af dagsmarcher, om hviledag, om madrationer og om en ged, som de skal have at spise på hviledagen i Paiju. Vi bliver enige om en samlet løn på 1900 rupees (=400 kr) pr bærer for turen på 6 dage ind til basislejren.

Det er med lokale forhold en utrolig god løn -modsvarer nok hvad deres landbrug kan give om året. Så hvis de kan lave en 4 - 5 bærerjobs pr. sæson, mens kone(konerne?) passer marken, så er året reddet.

Trekket

Af Bo Belvedere Christensen.

Jeg har altid betragtet trekkingturen, vandringen ind til basislejren i bjergene, som en meget skøn og vigtig del af en ekspedition.

Undervejs på denne tur har jeg lagt hverdagens problemer bag mig, jeg glemmer min ophidselse over beaurokrati og prisstigninger. Langsomt vænner min løbe- og cyklevante krop sig til, at bevæge sig i det ujævne bjergterræn. Balancen vænner sig igen til at undgå rullende sten ved en dynamisk bevægelse videre til den næste sten. Ryggen og skuldrene plages af myoser og stivhed de første dage, men derefter mærkes rygsækkens 18 kg. som en del af min krop. De første dages ømhed i lægge og lår fortager sig og en følelse af uendelig styrke og udholdenhed breder sig i stedet.

Vi har forladt Paiju efter en hviledag og skal nu ombord i Baltoro gletsjeren, fronten af hvilken du ser i billedet. Herefter er det mest over gletsjer hele vejen til basislejren.

Det er det jeg forstår ved udtrykket "være et med naturen" i dette tilfælde de vilde bjergegne.

Sådan har trekking normalt virket på mig. Her da den 3. vandredag starter, er jeg skuffet. Endnu har mine øjne, næse og ører ikke set, mærket og været fyldt af andet end støv. Min mave har været plaget af uvante colier, så hvert måltid har været en prøvelse.

Og så mig, som nærmest er berygtet for min bjergsult, en af de få bjergbestigere, der kan komme tungere hjem efter en lang og anstrengende ekspedition.

De første dages trekking gik gennem et område, som nærmest må betegnes som ørkenagtigt med temperaturer på 35 grader i skyggen, hvis man da kunne finde den. Kun en enkelt gang fandt vi 4 en stor sten

Mustagh Tower er bare en af mange uvirkeligt smukke og næsten uindtagelige toppe i området langs Baltoro gletsjeren. Granittinderne her er meget stejle.

at gå i ly for solen under. Hvilken lettelse! De sorte prikker for øjnene, første tegn på et kommende solstik, forsvandt og da dagen gik på hæld fortsatte vi i mere moderate temperaturer.

Denne trekkingtur havde jeg drømt om siden, jeg var med til at arrangere en ekspedition herud i 1980. Den gang aflyste vi pga. mandefald. Men drømmen om at se det mest koncentrerede bjergområde i verden har siden stået som et mål i sig selv.

Denne tredje dag erstattes pinen ved ørkenen med glæden ved bjergnaturen. Som i drømme hvor alting når ekstremer, er naturen nu også gået til yderligheder. Rundt omkring rejser granittårnene sig til højder som er svære at begribe.

Her har mange af verdens kendte klatrere ydet præstationer, der

Nogle steder langs gletsjeren kan vi gå på en lille bitte sti langs vandet, der smelter fra gletsjeren. Men stierne må være meget midlertidige, for isen kan hurtigt ødelægge stien.

35

altid vil stå som legendariske. Bjerge som Mustagh Tower, Uli Biaho, Paiju Peaks og Trango Tower får mine håndflader til at blive svedige. Der gives ikke ved dørene her. Kun en klatrer, der mestrer sin kunst til det yperste, har en chance.

Samtidig med de imponerende granittårn dukker også giganterne inde for enden af den 70 km. lange Baltoro gletsjer op. Baltoro gletsjeren har vi netop i dag sat fod på for første gang.

Broad Peak vores mål står som en mur og lukker dalen af ind mod Kina. Med sin helt sorte kalot virker bjerget afvisende. Det suger i min mave ved dette syn. Kan jeg det her, kan Kim min klatremakker og kan Jan og Henrik ? Tankerne går til Dhaulagiri, 8167 meter, i '91 hvor Jan og jeg kun var 350 højdemeter og et stormvejr fra at nå toppen. Også da havde første syn af bjerget skræmt mig. Når jeg så langsomt fik faseopdelt bestigningen, delt kagen op i mindre bidder, blev det til sidst muligt i tankerne at se mig selv stå på toppen. Den visualisering af præstationen, som enhver idrætsudøver må igennem, uanset om man skal se sig selv glide over strangspringsoverliggeren i 6 meters højde eller som her, se sig selv stå på toppen i over 8000 meters højde.

Processen foregår i hovedet på mig hele dagen og sidst på dagen begynder jeg at have kuldegysninger ned ad ryggen. Det sker altid, når jeg begynder at føle mig fysisk ovenpå.

Følelsen resulterer i et kapløb mest med mig selv. Vores sirdar og L.O. som er noget foran mig, skal hentes. LO'en henter jeg på vej til den sidste lange stigning op til Urdukas. Sirdaren har mærket "faren" og traver godt til opad. Da vi går over kanten til lejrpladsen er jeg lige i hælene på ham. Det er tilstrækkeligt til, at jeg nu er kommet mig helt ovenpå dukkerten i ørkenen, hvor jeg var ved at spekulere på, hvad i alverden jeg gjorde her.

Jeg er kommet til mit klatreparadis. 4 ud af verdens 14 bjerge over 8000 meter ligger indenfor nogle få dagsmarcher herfra: K2 verdens 2. højeste bjerg, Gasherbrum 1 og 2 samt Broad Peak, hvis lokale navn, Falcen Kangri, tiltaler mig mere.

Føj til 8000'erne alle de andre smukke, imponerende eller frygtindgydende toppe og områdets karakter af bjergbestigningsmekka er let at forstå. Vi har nået centrum af Karakoram.

Basecamp

Af Henrik Jessen Hansen.

Efter 5 dages hård, varm og støvet vandring gennem en fantastisk natur går jeg nu sammen med de forreste bærere mod basislejren.

Jeg har diarre. Det er held i uheld, da jeg så går uden oppakning og kan følge med bærerne - afbrudt af toiletbesøg. De andre dage har jeg gået med en 20 kg's rygsæk for træningens skyld, men da vi, modsat bærerne, ikke er tilvænnet højden, kan vi ikke følge med dem i tempo.

Det er vigtigt, at jeg er med fremme og derved kan bestemme stedet for basecamp. Hvis vi kommer sidst, har de droppet al bagagen det første og bedste sted, og så kan det være meget besværligt, hvis vi vil bo et andet sted. Vi skal bo her i over en måned, så placeringen er af største vigtighed.

Vi er ude på en gletcherryg midt på Godwin-Austen gletcheren dækket af morænematriale i 4.700 meters højde. Her er ikke bare flot, her er fantastisk flot. Gletcheren afgrænses på hele den ene side af vores bjerg Broad Peak's kolosale vestvæg. For enden rejser K2 - verdens næsthøjeste bjerg på 8616 meter sig i en majestætisk pyramide. Den anden side udgøres af en 1.500 meter høj stejl væg med klippe og istårne. Bagved strækker verdens største gletcherområde udenfor polerne sig, og i det fjerne står Chogolisa (7665 meter) som et monument over bjergenes skønhed.

Her midt på gletcheren i morænematerialet er der en lille uddybning, som kan blive en god lejrplads. Jeg godkender stedet og giver bærerne ordre til at planere nogle teltpladser. Først kommer messeteltet op og stå. Det er nærmest skallen af et villatelt, hvori vi kan samles om et klapbord. Herinde kan vores udstyr også stå. Udenom

Messeteltet i basecamp er et sted, vi kommer til at opholde os meget, endda mere end vi havde forventet. Det er rart det kan lynes helt op, da varmen i teltet på solrige dage er ulidelig, men om aftenen er det tæt tilknappet, for kulden kryber hurtigt ind.

laves plads til køkkentelt og til små telte til os, vores kok Fida og vores forbindelsesofficer kapt. Kazmi.

Efterhånden kommer de andre, Kazmi til sidst. Nu er det tid for afregning, og det burde jo være let, da vi i forvejen havde indgået en overenskomst. Undervejs har vi skåret 8 bærere væk, efterhånden som der er brugt af forsygningerne - og de er aflønnet.

Men bærerne er utilfredse, de mener ikke at de har fået mad nok. De har fået mad de tre aftalte dage siden vi forlod Paiju, men vil have mad for yderligere to dage. For normale grupper, ikke ekspeditioner, vil turen hertil også tage to dage mere.

Vi tilbyder at betale 100 rupees (=22 kr) mere til hver, det svarer til det lovpligtige beløb til to dages mad. Der udbryder nu en lang og tiltider meget ophidset diskussion på dels balti og dels urdu. På et

Ikke mange af bærerne kan skrive, så deres underskrifter bliver ofte nogle ubehjælpsomme kruseduller evt. endda med ført hånd. Heldigvis er det ikke vigtige juridiske dokumenter.

tidspunkt bryder nogle ud og skændes videre ude på gletcheren. Vores sirdar og Kazmi blander sig. Vi sidder måbende og kikker på. Bo optager på videokameraet til vores fjernsynsudsendelse på DR.

Efterhånden går det op for os, at langt de fleste er tilfredse, men en mindre gruppe vil prøve at presse os yderligere. Der råbes, skriges, grines og fagterne er livlige. Efter en ½ time kommer de tilbage og accepterer vores forslag.

Nu kan aflønningen begynde. På kontrakten, som Kazmi og jeg har udfyldt med deres navn, faderens navn, identitetsnr og navnet på deres landsby skriver jeg nu det nye aftalte beløb på 2000 rupees. Jeg kalder bærerne frem en efter en og de underskriver kontrakten (over halvdelen er analfabeter, og det bliver nogle ubehjælpelige krusseduller med ført hånd). Kim har optalt beløbet og jeg udleverer det sammen med deres identitetskort. Vi giver hinanden hånden, og

Vi tager hver og en personligt afsked med alle bærerne, det bliver til nogle håndtryk i løbet af denne eftermiddag, inden bærerne skynder sig ned mod lavere højder og varmere temperaturer og forhåbentlig et nyt givtigt job.

jeg takker for deres indsats. Bærerne skynder sig afsted for at nå ned på 2 dage til et nyt indbringende job.

Vi er nu alene med tunge og trætte hoveder efter de hårde dage, den megen sol og den hurtige opstigning til 4715 meter (svarer til toppen af Mont Blanc). Alene er vi nu alligevel ikke, der er andre ekspeditioner. Verdens 14 bjerge på over 8.000 meter er eftertragtet, og netop i år ser det ud til at Broad Peak er et mål for klatrere fra flere lande. Der er resterne af en svensk ekspedition (lederen Göran Kropp når som den første skandinav toppen af Broad Peak den 2.7.94), østrigere, baskere (må endelig ikke kaldes spaniere), tyskere, en ekspedition fra Sydkorea (som de andre hold siger er urutinerede og ansvarsløse) samt en international militærekspedition. Yderligere to har været oppe på toppen i år, hvoraf den ene er den internationale kendte italienske bjergfører Hans Kammerlander. Han har nu besteget 9 af de 14 ottetusinder, heraf 7 sammen med klatringens superstjerne Reinhold Messner.

Der har også været en tjekkisk ekspedition, men de er taget afsted igen på en tragisk baggrund. På vej herind har de øjensynligt løbet om kap og en af den fik lungeødem ved ankomsten. Det er en meget alvordelig og potentielt dødelig komplikation til højdesyge. Efter 5 dage døde han imens de forsøgte at bære ham ned igen. Det er utroligt at de ikke har tilkaldt en helikopter fra det pakistanske militær, men de 4.000 US dollar i depositum var måske vigtigere end et menneskeliv.

Tjekkerne fortsatte op ad bjerget, men i lejr 2 i 6.200 meters højde skulle en af den ud af teltet om natten. Han tog ikke sine støvler ordentligt på, gik kun i inderstøvlerne og gled på sneen og røg 1.100 meter ned. Herefter afbrød de ekspeditionen. Himalayabjergbestigning kan være meget farligt, men heldigvis har der ikke været andre ulykker i år end de to tjekkers selvforskyldte dødsfald.

Basecampliv og andre forunderligheder
Af Kim Sejberg.

Skal, skal ikke, SKAL !!

Lynlås 1 åbnes, jeg kanter mig ud af posen - og prøver at snige mig ud af teltet, uden Bo, som sover med en engels ansigt, vågner. Lynlås 2 klares, støvlerne på, lynlås 3 og endelig ude i en fuldkommen tavs nat som svagt oplyses af milliarder stjerners reflektion i de snedækkede bjergsider. Jeg misser søvndrukkent med øjnene, kigger på uret, som viser 03.00 og erkender for gud ved hvilken gang at blæretrykket altid overvinder soveposesuget. Jeg er på rekordtid tilbage uden posen har tabt den mindste smule varme, nærmere tværtom og jeg gutter mig tilfreds et par sekunder før jeg igen er i drømmeland.

Bip, bip, bip. Nej ikke her, hvor soluret regerer dagen. Vi vækkes naturligt kl. 07.41 og har derefter 2½ minut til at komme ud af teltet før varmen bli'r ulidelig. I dag trækker vi den hele 10 minutter fordi vi sludrer lidt om det tilbage i Danmark. Hjemve!! Neeej men masser af tanker går den vej.

Jeg undres tit over det forhold, at når klatringen er en del af dit liv er der en tendens til at den nærmeste familie udvides med en eller 2 personer, nemlig med den eller de få makkere du deler tanker, bekymringer, glæder og ambitioner med. Denne morgens snak er et godt eksempel på at familiebegrebet og opfattelsen af dette ofte rækker ud over blodets bånd. Det kan have mange årsager, men den overvejende er uden tvivl, at du her har en kammerat, som stoler 100% på dig - og uden det skal lyde melodramatisk - gang på gang lægger sit liv i dine hænder i tiltro til dig og dine evner. Da denne gensidige tillid er kernen i et hvert makkerpar er det vel forståeligt at man efterhånden kender og forstår, samt forhåbentligt accepterer hinanden så godt som et guldbryllupstruet ægtepar. Nå vi griner lidt af dagens første dårlige vittighed - og begiver os de 8 meter hen til morgenbordet. En ny dag glimter.

BC-liv er en sjov størrelse. Jeg mener, at leve godt en måned på en stendækket isflage, det fordrer en vis form for alternativ humor.

Ikke desto mindre er vi alle i fin form - og falder snart ind i de daglige rutiner, et lejrliv fjernt fra mikroovn, volvo stationcar og pommes parisienne, kræver.

Jeg vil nævne et par stykker, som for mig er de mest påfaldende. Det første er den "uhørte ædefaktor", som for ekspeditionsklatrerne går ud på at skovle decideret kvalmende mængder af veltillavet dog olieret mad indenbords hvad enten man er sulten eller ej. For som mine 3 velmenende venner udtaler "at have noget at tære på når the going gets tough". Da dette er mig totalt umuligt har jeg min egen personlige om end diskutable tese, som går på at jeg vil kunne klatre lettere og hurtigere grundet den lavere vomfaktor. Nå vi får se.

Den anden ting jeg vil fremhæve er det af mig introducerede "alternative" renhedsbegreb, hvis formel omskrevet fra volapyk til dansk lyder sådan: Mængden af skidt som du og dit tøj påføres er ligefremt stigende med det afviklede antal dage, dog er duftfaktoren eksponentielt stigende. Et faktum som yderligere forstærkes ved vask som tilsyneladende kun spreder duftene jævnt på samtlige beklædningsgenstande. Dette forhold har dog den fantastiske fordel at vi alle i løbet af et par uger dufter ganske ens - og på ingen måder påfaldende. Her udelukker jeg imidlertid den mulighed, at en førende kosmetikekspert skulle trekke forbi. Han eller hun skulle nok vejre muligheden for øget omsætning og tillige vende hjem et indtryk eller to rigere.

Som tidligere nævnt er her andre ekspeditioner end vores. De er alle i modsætning til os kendetegnet ved et stort medlemsantal samt et udtalt ønske om at bygge lejre hele vejen op ad bjerget tillige med at fixe, dvs. permanent placere reb op ad ruten på enhver stigning der overstiger 30 grader.

Vi har haft flere sjove episoder med andre "klatrere" som har set uforstående på os når vi fortæller, at vi skam kun har vort klatrereb og i øvrigt bærer vort telt, udstyr og proviant med os op ad bjerget.

Det har selvsagt givet anledning til en del snak herude - og via vor kok, som er et enmands informationsbureau, har vi erfaret, at vi blandt resten af den lille verden her på gletsjeren, bare er kendt som

Billedet nedenfor:

Gilkey memorial med det smukke bjerg Chogolisa alias Bride Peak i baggrunden. Gilkey memorial har sit navn efter Art Gilkey, der døde på bjerget i 1938 som deltager i en amerikansk ekspedition til K2 ledet af den meget erfarne Charles Houston.

Art Gilkey udviklede en blodprop i det ene ben, mens de lå stormbundet i lejren på skulderen af K2 og blev lam, så han ikke kunne bevæge sig selv. Han blev lagt i en slags båre og de begyndte evakueringen af bjerget. De andre har stort besvær med at få ham ned, og deres liv er også truet af redningsfærden.

På et tidspunkt er de nødt til at fiksere ham i hans båre til skråningen bundet til en isøkse. De skal finde en vej over på den rigtige rute og en mulighed for en lejr. Da de har løst den opgave vender de tilbage til Art Gilkey, men finder skråningen, hvor de efterlod ham, tom. Chokerede undersøger de stedet og finder små spor af en formodet lavine. Men efterfølgende sætter de spørgsmålstegn ved dette og overvejer om Art Gilkey selv rev sig løs, tog sit eget liv, for derved at redde sine kammerater.

Gruppen havde en kamp for at redde sig ned selv uden Art Gilkey, hvilket kan have medvirket til, at de efterfølgende er kommet til en anden konklusion om Gilkeys død end den formodede lavine.

Billedet overfor:

Mindepladen som Göran Kropp satte op ved Gilkey memorial for kammeraten Daniel Bidner.

"danskerne". Så kan man jo lægge i det hvad man vil, men med tilpas afstand til janteloven, ser vi det som en ros, hvad ellers?

Igår havde vi en oplevelse, der altid sætter bjergbestigningens oplevelser, eventyr og spænding i et ganske andet perspektiv.
Den svenske klatrer Gøran Kropp havde fra Sverige medbragt en mindeplade for sin ven Daniel Bidner, som sidste år omkom under nedstigningen fra bjerget K2 som er nabo til Broad Peak. Pladen opsattes på Art Gilkey memorial, som er en stensætning ved bjergets fod, hvorpå de mange klatrere, som gennem årenes løb er døde under bestigning af bjerge i området, mindes.

Sådanne oplevelser - og minderne om de venner og bekendte, som gennem årene er gået til klatrernes valhalla, får mig til at tænke på det altid nærværende faktum, at bjergbestigning er for livet og med livet.

Første dag på bjerget

Af Bo Belvedere Christensen.

Min irritation over ikke at være alene på Broad Peak forstærkes ved synet af tyskeren, der kommer ned ad snefeltet over mig med blodet løbende ned ad hovedet. Det er ikke alvorligt, men mange af den slags skader skyldes ofte andre mennesker, som ikke kan færdes i bjergene uden at rive løse sten og isklumper ned.

Mine anelser bekræftes, da vi nogen tid efter selv er på vej op gennem en snecouloir (rende i klippen fyldt med sne). Nær toppen af denne i 5100 meters højde lyder råbet pludselig ovenfra "sten". Jeg kaster mig til siden ind bag et lille klippefremspring og ser et par store sten flyve lige forbi Kim. Kim står midt i couloiren uden noget sted at kunne flygte hen.

Så er der roligt en tid, og jeg bevæger mig opad den stejle sne og is. I bunden af couloiren løber smeltevandet som en lille strøm. Når jeg sparker min støvle mod isen står vandet til alle sider.

Lidt højere oppe sker det igen. En rigtig stor sten sejler forbi Kim og jeg, men stopper lykkeligvis lige ved siden af Jan, der befinder sig 20 meter længere nede.

Couloiren åbner sig og jeg kommer ud på et stort snefelt. Et stykke oppe ad dette trasker 3 andre bjergbestigere langsomt opad. Jeg har lyst til at skrige noget grimt efter dem, men ser det nytteløse i det. Sandsynligvis vil de ikke forstå, hvad jeg råber. Og hvis de ikke kender til at færdes sikkert i bjergene, så lærer de det ikke lige her.

Vi stopper på en lille ryg i 5200 m. højde og bliver enige om, at det er langt nok for dagens akklimatisations- og rekognosceringstur.

På vejen tilbage til lejren får vi os en slem overraskelse da vi krydser den levende del af gletsjeren, vi har vores basislejr på. Flere af gletsjerbækkene er svulmet pga. smeltningen og synes nærmest håbløse at komme over.

Henrik finder et sted at hoppe fra sten til sten. Kim følger efter, men får lige dyppet det ene ben i strømmen, dog uden at blive våd.

Jan, som er den længste af os, synes bare at tage et langt skridt.

Så følger "lille" mig, holdets shorty med noget nær 100% langsomme muskelfibre og derfor uden springkraft til at præstere et ordentligt afsæt.

Op i balance på den store sten 2/3 over strømmen. Det er her det bliver svært. Jeg skal springe over på en glat iskant. Hovedet siger "nej du kan ikke". Henrik rækker hjælpende sin isøkse som håndtag. Nu skal det være. Jeg springer og får fat i isøksen, men de små ben vil ikke nå iskanten. Overkroppen havner på iskanten, hvor jeg får fat i en istap. Trækkende i den og i Henriks isøksefår jeg hevet benene op af vandet og kommer i land på isoverfladen.

Jeg takker mit gode klatretøj for, at der kun trængte lidt fugt igennem til mine bukser.

En times tid senere stavrer vi dehydrerede, men meget klogere ind i basislejren. Vi har nu set en etape og ved hvor vores første overnatning på bjerget skal ske.

Højdesyge

Af Henrik Jessen Hansen.

Den afgørende faktor er ilttilbuddet i luften. Der er i alle højder 21% ilt i luften, men lufttrykket aftager når man kommer op i bjergene. I 5.500 meters højde er der kun 50% og på toppen af Mt. Everest er der kun en tedjedel tilbage. Det kan kroppen ikke klare uden videre. Hvis man med ef fly uden trykkabine blev taget til 8.000 meter ville man besvime i løbet af 2 minutter. Men kroppen kan vendes til den lave iltmængde - det hedder at akklimatisere sig. For at kunne overleve i 8.000 meters højde skal man tilbringe minimum 3 uger omkring 5.000 meter og derover. De første dage her i vores lejr bliver vi forpustet og må holde pause efter få skridt.

Man kan også blive syg af højden, det viser sig ved hovedpine, kvalme, svimmelhed, opkastninger og evt ændret søvnmønster. At holde en hviledag eller hvis man stiger bare få hundrede meter ned forsvinder symptomerne, og dagen efter kan man fortsætte.

Men højdesyge kan også udvikle sig til de alvordelige tilstande: Hjerne- og /eller lungeødem ("vand" i hjerne eller lungerne). Her skal der handles hurtigt medicinsk og patienten skal fragtes ned til lavere højde hurtigt, ellers kan det ende dødeligt. Men man kan også helbredes fuldstændigt på under et døgn.

Kommunikation

Af Jan Mathorne

Vi har været på ekspedition i Nepal 2 gange før. Der har man normalt en "mail-runner" med, en nepaleser, der sørger for forbindelsen mellem ekspeditionen og "civilisationen". Denne gang har vi lånt et kommunikationssystem fra det danske firma Thrane & Thrane. Det opererer via satellit, så vi har solceller, akkumulatorer, sender, antenne og PC med. Det lyder voldsomt, men det fylder egentlig ikke ret meget. Selve antennen er kun 25 cm høj og 15 cm i diameter, og resten af byggeklodserne fylder hver ca som en kompakt bærbar PC. Vi joker lidt med, at vi skal omdøbes til Danish Karakoram High-Tech Expedition.

Udstyret bruger sattellitsystemet Inmarsat-C, og er normalt beregnet til brug på skibe. Det kan ikke transmittere tale, men er kun en telex forbindelse. Men når en telex meddelelse er blevet sendt her fra basislejren, går den via sattellitten til en jordstation. Her kan den transformeres til en fax meddelelse, og på den måde er denne meddelelse kommet fra et hvilket som helst sted på jorden til Berlingske Tidende. Den anden vej kan man ikke faxe, men kun telexe. Da udstyret bruger en del strøm, især når det sender, har vi måttet rationalisere strømmen lidt. Vi forsøger at holde åbent 1 aftalt time hver dag, men hvis vi har dårligt vejr uden sol nogle dage i træk, bliver akkumulatorerne drænet totalt.

I Islamabad havde vi lidt problemer med batteriet til PCen, da det efter en fuld opladning kun kunne holde en halv time. Vi prøvede også at sende lidt, men det lykkedes ikke, at få meddelelsen igennem. Vi tilskrev varmen skylden, idet vores åbningstid er eftermiddag lokal tid, og der derfor var mindst 45 grader i omgivelsestemperatur og sikkert endnu mere inde i Thrane boksene. Det ville nok blive bedre, når vi kom ud i bjergene.

Da vi efter den første dag skulle sende de første artikler hjem til Berlingske Tidende, begyndte PCen uden varsel at gå ned efter få minutter. Batteriindikatoren viste alt OK, og vi havde masser af strøm fra solcellerne og PCens ladeboks. Nu var gode dyr rådne. Hvis vi ikke kunne få PCen til at virke, kunne vi slet ikke bruge vores fine udstyr. Og vi havde lige fået en fin aftale med Danmarks Meteorologiske Institut om at sende vejrudsigter over området herud. Bo har med PCere at gøre til daglig, og jeg er ingeniør, og ellers er nærmeste PC reparatør 4 dage væk, hvis da PCen overhovedet ville kunne repareres i Pakistan.

Der måtte være noget i vejen internt i PCen i den del, der havde med opladningen af batteriet at gøre. Men hvorfor kunne PCen så ikke køre på ladeboksen og solcellerne alene? Hvis vi skulle kunne bruge udstyret, måtte vi på en eller anden måde få ladet PCens batteri op. Vi tog batteriet ud, og ved hjælp af stikket fra ladeboksen, en ekstra ledning og 3 hænder, fik vi ladet lidt på batteriet. Det hjalp lidt. Vi fik skrevet artiklerne færdig og fik dem sendt, men systemet var ikke særlig driftsikkert. Thrane-udstyret virkede upåklageligt.

Måske var det en løs forbindelse i PCen. For at beskytte PCen havde jeg den i min personlige rygsæk, og den, af alle, var blevet tabt fra en af jeepene et par dage før. Resolut begyndte jeg at splitte Pcen ad. Jer fjernede mange små skruer, men jeg kunne ikke komme ind til elektronikken. For ikke at gøre mere skade end gavn blev det projektet opgivet.

Men det gik dårligere og dårligere at få 3-hånds opladet Pcens batteri. Da jeg var blevet godt sur en sen aften, ladede jeg direkte fra akkumulatorerne. Det kunne batteriet slet ikke lide, og det var nu helt dødt. Men pludselig kunne PCen fint køre via solceller og ladeboks alene, så pludselig virkede systemet fint! Det er ikke alt, man skal kunne forstå.

Endelig i gang

Af Bo Belvedere Christensen.

Vi er alle 4 på vej op ad gletsjeren til venstre for den couloir, som vi var op igennem sidste gang. I couloiren blev konstant bombarderet med sten. Det er ikke en risiko vi ønsker at løbe.

I al bjergbestigning og klatring opereres med en kalkuleret risiko. Risikoen kan jeg minimere ved brug af sund fornuft og mine 17 års klatreerfaring. Men bedømmelsen er altid et personligt skøn. Her har vi kollektivt vurderet risikoen i couloiren til at være for stor. En eneste stor sten, der rammer uheldigt kan afslutte hele ekspeditionen.

Gletsjerruten er til gengæld længere og knapt så stejl. Det er lettest for mig at koncentrere mig, hvis ruten op samtidig byder på klatremæssige udfordringer. Her knokler jeg bare og koncentrerer mig om at finde den rytme, som giver den hurtigste fremdrift. Går jeg for hurtigt må jeg stoppe for ofte og puste ud. Går jeg langsommere kan jeg næsten fortsætte i en uendelighed. Til gengæld får jeg fornemmelsen af, at gå i en trædemølle. Kompromishastigheden afhænger af mit stadie af højdetilvænning. Vi er endnu ikke så godt tilvænnet den iltfattige luft, at vi kan bevæge os i et tilnærmelsesvis normalt tempo. Selv fuldt akklimatiseret vil hastigheden opad isfladen være langsommere, end hvis jeg befandt mig ved havniveau.

Rygsækken er oppe på 20 kg. Pakket med mad til 6 dage, telt, sovepose, kogeudstyr, kamera, ekstra film, videokamera og tøj. Det er vores plan at tilbringe natten i jævnt stigende højde og på den måde langsomt og uden fare presse tilpasningen til den iltfattige luft i vejret.

Isens hældning tiltager et enkelt sted, hvor der samtidig er frosset smeltevand blandet i sneen. Jeg går opad den hårde overflade ved kun, at sparke de forreste tænder på mine steigeisen ind i isen. Belastningen på læggene bliver med denne teknik stor. Men jeg nyder atter en gang at bruge min krop på denne måde. Ved egen kraft bringe mig stadig længere ud i den vilde natur. Anstrengelserne gør mig mere åben for sanseindtrykkene. Naturen bliver mere nærværende. Gik der en lift op ad bjerget ville indtrykkene herfra primært prente sig på celluiden

Forfatteren på vej med stor, tung rygsæk mod camp half.

i kameraet og videofilmen. De dybe, uudslettelige indtryk på mine sanser ville ikke findes.

Vi rives ud af harmonien kort før lejren i 5200 meter, camp half, som vi kalder den pga. sin position halvvejs til lejr 1 i 5500 meter.

Ekspeditionen render her ind i sit første og forhåbentlig sidste uheld.

En sten i regningen

Af Kim Sejberg.

Jeg har nu pustet et par timer efter vi har krydset gletsjeren, og jeg befinder mig i øjeblikket på en 45 graders sneflanke i 5200 meters højde og solen er snart på vej.

Jeg har det fint når man lige ser bort fra de 20 kg. for meget i rygsækken og 50% for lidt ilt i luften, hvilket betyder at de fornemmelser jeg elsker at hade så småt begynder at melde sig. Skridtene føles lidt tunge, men jeg og vennerne kommer støt og roligt opad.

Jeg er ca. 50 meter under den lille klipperyg, hvor vi etablerer vor camp half, da jeg hører et knald på hjelmen og straks efter føler et hårdt slag på skulderen, som slår mig om i sneen.

Den første reaktion er nærmest ubevidst, øksen slås dybt ned i sneen og jeg trykker mig flad for at undgå at blive ramt igen. Heldigvis kommer der ikke mere og jeg råber Bo an, som er 30 meter over mig. Jeg prøver at få et overblik over skaden mens Bo klatrer ned mod mig. Armen er følelsesløs og jeg tænker helt irrationelt, "shit den er brækket, og vi er ikke engang i første lejr".

Selvfølgelig en bizar tanke når jeg står på et bjerg i over 5 km. højde med en lettere mast skulder, men dog alligevel ikke når det kædes sammen med de ambitioner, drømme og visualiseringer jeg har haft om bestigningen det sidste år.

Tanken om at turen ender her er ikke til at bære og i nuet afskriver jeg den, trods begyndende smerter, som fuldstændigt uacceptabel.

I mellemtiden er Bo kommet ned til mig. Han tager min rygsæk og vi klatrer langsomt, specielt mig, op mod lejren for at inspicere skaden. Trøjen lempes af og Henrik konstaterer "intet brækket" - og jeg stønner "fedt" mens han trykker videre, heldigvis uden at finde grund til at ændre den første diagnose.

Der er nu gået nogle timer. Jeg ligger i teltet og har kun lidt ondt, grundet medicinalindustriens hvide mirakler.

Jeg tænker på alt og intet, bander over mit uheld men takker samtidig min lykkestjerne for, at klippestykket ikke ramte 10 cm. længere til højre eller jeg i det mikrosekund tog et skridt til venstre. Skæbnen er en skæg størrelse!.

Klokken er 5.30 næste morgen og de andre klatrer mod camp 1, mens jeg 50 m. oppe må erkende det håbløse i, at klatre med en arm - og jeg begynder langsomt nedstigningen mod basecamp efter at have forsikret Bo om, at jeg klarer mig fint nedad blot ikke opad.

Vi taber hurtigt hinanden af syne og da jeg godt 3 timer senere dumper ind i teltet, er det i en noget nedtrykt tilstand over at jeg nu sidder her - og ikke er sammen med Bo, Henrik og Jan højt oppe på Broad Peak.

Aftenen melder sig og jeg kanter mig ned i posen med en stønnen mens jeg håber på at armen stadig hænger fast og jeg igen vil komme op ad bjerget og nå toppen. Da søvnen nu nærmer sig er det jo tid til at drømme !!.

Billedet overfor: Kim kommer i smerte og med sin venstre skulder og arm hængende slapt langsomt op mod camp half. Ingen så eller hørte stenen, men vi frygter allerede det værste.

Billedet ovenfor: En lettere nedtrykt Kim sidder i camp half og tænker over, hvor galt det kunn være gået. Og hvor godt det var, at det ikke gik meget værre.

1 skridt frem og 2 tilbage

Af Bo Belvedere Christensen.

Efter overnatning i camp half forsætter vi mod lejr 1. Jan er trods dårlig mave godt gående, Henrik har det skidt og kaster op undervejs. Jeg selv starter som sidste mand efter Kim, der desværre må vende om pga. sin skulderskade og diarre.

Da jeg har sagt farvel til Kim finder jeg en god rytme opad snevæggen. På kort tid er jeg oppe ved Henrik, der af forståelige grunde ikke bryder sig om at blive presset.

"Gå bare forbi" siger Henrik mens han i pine læner hovedet ind mod sneen, "og det her gør jeg for nydelsens skyld" fortsætter Henrik selvironisk, mens jeg passerer ham.

Billedet nedenfor: En hårdt presset Henrik på vej mod lejr 1. Ryggen, hvor camp half lå, er synlig umiddelbart ovenfor til højre for Henrik.

Jeg knokler videre opad skråningen. Hvor hældningen tiltager begynder jeg også at hale ind på Jan.

Min koncentration forsvinder og jeg begynder at drømme. Hvis mit tempo idag er symptomatisk for min tilvænning, så giver jeg mig selv gode chancer for at nå toppen. Jeg får kuldegysninger ned ad ryggen, mens billederne af mig selv oppe på topgraten kører gennem hovedet. Hvor er mine kammerater i disse billeder ? Er min drøm om bjerget i virkeligheden så egoistisk ? Disse forbudte drømme bringer mig tilbage til virkeligheden. Jeg forestiller mig i det bevidste, at vi alle skal samtidig på toppen. Men mine drømmebilleder viser, at det i sidste ende er det den egoistiske drivkraft, der bringer mig stadig højere.

Jan og jeg venter på Henrik og kort efter når vi sammen lejr 1. Resten af dagen sidder vi og lider i den ubarmhjertige sol. Jeg gemmer mig under mit liggeunderlag, mens kogeren smelter de mange liter vædske, kroppen har brug for i løbet af en dag højt oppe i bjergene.

Næste dag er det slut med min optimisme. Også min mave er ramt af diarre og jeg har kæmpet med kvalme hele natten. Snestormen i nat forhindrede mig i at komme på toilettet. Jeg er ganske udmattet og lykkelig for den fælles beslutning om, at helbredstilstanden generelt er for dårlig og vejret for lusket. Vi vender snuden mod basecamp for at hvile os nogle dage. Forhåbentlig er Kims skulder så også blevet bedre.

Forurening

Af Jan Mathorne.

De første ekspeditioner, der kom til området, fandt et uberørt land. Man kunne tillade sig at smide køkkenaffald, dåser, toiletaffald mv overalt, da der gik mange år mellem hver ekspedition. Men tiderne skiftede. Der kom flere og flere ekspeditioner. Man måtte blive enige om, til hvilken side, man smed affald, og til hvilken side, man tog sne til drikkevand. Der kom stadig flere ekspeditioner. Affaldet hobede sig op. Mange ekspeditioner blev klar over problemet og tog deres affald med ud. Men ikke alle syntes, at det var et stort problem.

Nu har regeringen indført den regel, at alle ekspeditioner udelukkende skulle bruge petroleum til brændsel i stedet for træ, som vokser langsomt, og som efterhånden er lidt af en mangelvare for de lokale. Og alle ekspeditioner skal rydde pænt op efter sig. Hver ekspedition skal lægge et miljødepositum på 1000 US$, når de tager ind til bjergene. Ekspeditionens forbindelsesofficer melder så tilbage til regeringen, hvor miljørigtigt ekspeditionen har opført sig, og depositummet KAN betales tilbage. Sidste år var en gruppe fra de pakistanske trekkingbereauer her i området udelukkende for at rydde op.

Men hvordan virker det? På vej ind bruger vi udelukkende petroleum, mens vi ser, at vore bærere kun bruger træ til madlavning. Det er umuligt at overbevise dem om andet udfra traditioner og sprogproblemer. Vi spørger vores forbindelsesofficer, men han siger, at det ikke er det store problem lige her. Her i basislejren er der rimeligt pænt, og vi skal nok brænde vores affald eller tage det med ud igen. Men på bjerget er der mere beskidt. Værst er, at ikke alle ekspeditioner er klar over, at man tager sne over lejren og går på toilettet under lejren.

Det mest grelle tilfælde får vi i lejr 1 i 5.500 meters højde. 3 pakistanere, 2 klatrere fra en international ekspedition og 1 højdebærer fra en koreansk ekspedition, sidder og laver mad et par meter fra os. Vi hører, at de taber en gryde ned i stenrenden bag os, og vi undrer os over, hvor let de tager det. En halv time senere ser jeg, at de åbner en dåse mad, og staks efter hører jeg den samme lyd igen. Det var altså også en dåse første gang. "Who is going to pick that up?" råber jeg indigneret. "Are You going to pick that up?" Deres svar er en let kastebevægelse og "No Problem". Vi fornemmer, at videre diskussion er nytteløs, men hvordan vil der se ud om 20 år? Og det var de samme 3, som kritiserede os for at gå et sted, hvor vi KUNNE (men ikke gjorde) sende sten videre ned!

Jan i sit karakteristiske gule undertøj og sine vapor barrier sokker i camp half.

Dårligt vejr i basecamp

Af Henrik Jessen Hansen.

Efter en nat i lejr 1, en tur ned til basislejren i tiltagende dårligt vejr hvor Bo og jeg har maveinfektion, sover jeg det meste af det første døgn væk. Det er tungt, ubehageligt og ulækkert at klatre, mens man kaster op og er bange for, at det også skal løbe ud af den anden ende.

Efter et døgn i posen er både Bo og jeg klar igen - men det er vejret ikke. Overskyet og med hyppige vekslende byger af sne, slud og regn. Selvom vi passer på bliver alt i teltet klamt i løbet af et par dage.

Det dårlige vejr fortsætter ialt i 5 dage og det gør tiden langstrakt. Tiden går med Frk. Smila, Umberto Eco, Zenbuddisme og kunsten at vedligeholde en motorcykel samt Nørretranders. Samt 12 timer i posen. På walkman'en spilles alt fra Mozart til Aerosmith og Sort Sol.

Én dag slog vi 7 timer ihjel med poker i messeteltet. Det var om bærerlønningerne, så nu skal Bo og Kim slæbe 50 kg ud.

Ikke alle er dog lige kloge. På nabobjerget K2 var en ukrainsk ekspedition (der vist nok skulle fejre Byen Odessa's 600 års jubilæum) blevet forsinket en dag mod toppen. Den nat, hvor det dårlige vejr kom, gav lederen i basislejren på bedste gammeldags sovjet-maner 4 mand i 8000 meters højde besked om at klatre mod toppen. En (ham med walkie-takien) er sløj og vender om. De tre andre kan (eller tør) ikke andet end fortsætte, da det at trodse en ordre ihvertfald kan ødelægge deres klatrekariere og udrejsemuligheder og i værste fald evt have sociale konsekvenser. Nu 6 dage senere har ingen hørt fra dem. Ikke alene os men alle andre klatrere på gletcheren er chorkeret og beslutningsmåden og hændelsesforløbet.

Idag er vejret kanongodt, sol fra en klar himmel og mange plusgrader. Vi lader lavinerne køre ned i eftermiddagssolen og regner med at påbegynde opstigningen i morgen under sikre forhold.

K2 i godt vejr set ud af teltindgangen. Dette imponerende bjerg har mange liv på sin samvittighed, selv om det ikke er det statistisk farligste bjerg i verden. Den ære tilhører Annapurna, der pga. sin ekstreme lavinefarer, har en overlevelsesrate på kun 2 ud af 3.

7000 meter og to slags feber

Af Henrik Jessen Hansen.

Vi er på vej mod toppen i et ugelangt push op af bjerget. Andre ekspeditioner opbygger lejre, klatrer op med forsygninger, klatrer ned og hviler og laver en vej op ad bjerget. Vi ønsker at bestige et af verdens højeste bjerge i alpin stil, dvs at man pakker en rygsæk med alt nødvendigt, telt, sovepose, brænder, gas, mad, reservetøj og klatreudstyr, tager den på og fortsætter indtil toppen er nået, eller man må vende om af en eller anden grund. Denne stil er hård, da rygsækken let bliver på 20 kg de første dage, men tilfredsstillende. 20 kg lyder måske ikke af meget, men i 6 - 7000 meters højde, hvor der er så lidt ilt, at man må pausere for hvert tiende skridt, er det i virkeligheden alt for meget.

Da vi heller ikke har klatret op og ned flere gange er vi jo heller ikke akklimatiseret optimalt. Derfor tager vi er extra overnatning i lejr 2 og 3. Det giver kroppen tid til at vende sig til den lave iltmængde, men betyder selvfølgelig også at der skal bæres extra mad og gas med. I over 7000 meter kan man ikke akklimatisere yderligere, ved ophold her går det

Bo nærmer sig lejr 2, dehydreret, udmattet og forkommen i den ubarmhjertige sol.

Vi bliver stærkt dehydrerede disse dage i starten af vores topforsøg. Højere oppe er temperaturerne lavere og fordampningen mindre.

ned ad bakke selv når man sover.

Klatringen overrasker os positivt, der er først 1500 højdemeter med overvejende 40 til 50 graders sne og is (det svarer til hvad skiløbere vil kalde 80 til 120 grader). Her kræves klatreteknik, man skal kunne bruge isøkse og steigeisen (jernpigge spændt på støvlerne til at stå fast is med) og man skal færdes hurtigt og sikkert i stejlt terræn.

På turen op til lejr 3 kunne jeg godt mærke at alt ikke er i orden, jeg går utroligt langsomt og ankommer totalt udkørt over en time senere end den næstsidste. Pustende og stønnende får vi lavet et plant sted til vores lille telt. Jeg drikker lidt og lægger mig ind i soveposen. I løbet af eftermiddagen får jeg feber; hvad nu? Vi skal hvile og akklimatisere her en extra dag, så jeg kan jo håbe og blive frisk imens. Det er en meget optimistisk tanke i 7000 meters højde.

Lejr 2 er delt i to. Jan og Henrik holder til i det lavest liggende telt, Kim og Bo ligger lidt højere. Det var fra denne lejr en tjekkisk klatrer gled ud over kanten og styrtede til sin død. Kanten ligger få meter til højre for teltene.

På den anden side vil jeg jo også meget nødig vende om så tæt på målet, jeg har også "top-feber".

Næste dag er jeg stadig sløj, om eftermiddagen får jeg "rigtig" feber igen og i løbet af natten er jeg 4 gange ude i kulden med diarre. Men jeg er stadig i tvivl. Jeg vil pokkers gerne med videre op. Om morgenen, hvor vi skal fortsætte, drikker jeg et par mundfulde vand og er straks ved at kaste op. Jeg er slået, færdig, jeg må ned.

Denne morgen har Kim også udviklet diarre, så vi enes om at lade Bo og Jan fortsætte mod toppen. Når vi nu ikke selv kan være med er det de to jeg allermest ønsker at se oppe, men det er med meget tunge og trætte skridt at vi kæmper os ned mod basecamp.

Kim på vej mod lejr 3 i 7000 meter med det utroligste bagtæppe af et K2, der stikker sin top op gennem et skydække.

Dagen før

Af Jan Mathorne.

Jeg ankommer prustende til Lejr 4 i 7350 meters højde. Bo er allerede ankommet og sidder og venter. Lejren ligger fint i læ af en flere meter høj serac (mur af lodret is), og der er adskillige meter næsten vandret sne, hvor der kan stå flere telte. Højden er også perfekt - 400 meter højere end sidste lejr, så i morgen skal vi "kun" gå 700 højdemeter til toppen.

Der er til stadighed en diskussion i basislejren mellem de enkelte ekspeditioner, om lejr 4 overhovedet er nødvendig. Trætter det kroppen for meget at sove i denne højde, og skal man hellere starte direkte fra lejr 3? Bo og jeg overnattede i 1991 på Dhaulagiri i Nepal i 7800 meters højde og følte os stærke nok dagen efter, så vi er ikke i tvivl. Jo færre højdemeter, vi skal lave på topdagen, jo bedre. På Dhaulagiri forhindrede vejret os i at nå toppen - ifølge den seneste vejrmelding fra DMI skulle det ikke blæse så meget i morgen, og der skulle ikke komme nedbør.

Koreanerne har under et tidligere (mislykket) topforsøg stillet et telt op i lejr 4, og vi sætter vores lige ved siden af. Vi graver "hurtigt" en platform ud til teltet (4 spadestik, pustepause, 4 spadestik, pustepause). Vi snakker lidt om, hvornår vi skal begynde. Hvor lang tid tager det at nå passet i 7800 meters højde? Vi har fra andre ekspeditioner hørt skrækkelige rygter om op til brysthøjde dyb, løs sne, men vi kan ikke rigtig tro på det. Men hvis det er sandt, når vi ikke længere end halvvejs op til passet. Vi satser på 4 - 5 timer.

Derfra skulle der være 2 timer til fortoppen, og videre 1 time til hovedtoppen. En del har været på fortoppen, men indtil nu i år har kun 5 personer været på selve hovedtoppen. Og det har været på 5 forskellige dage og fra 4 ekspeditioner. Det lyder også meget anstrengende at skulle klatre 500 meter vandret i over 8000 meters højde, bare for at komme de sidste 17 højdemeter op. Men det ER hovedtoppen, der er målet. En tidligere ekspedition, der kun nåede fortoppen, mente, at de havde besejret Broad Peak, men den slags snyd duer ikke efter vores mening. Kun de rigtige 8047 meter gælder.

67

Vi sidder og snakker om forventningerne til morgendagen. Det er ikke til rigtig til at fatte, at vi om måske 20 timer står på toppen, vores mål gennem de sidste 2 års forberedelser. Det ser så nemt ud nedefra. Let op til passet, selv om vi ved, at det drejer sig om 450 højdemeter. Derefter ad en skjult couloir (snerende) til fortoppen. Som altid ser det let ud nedefra, men vi skal nok få krænget lungerne ud på vej op.

Pludselig dukker 2 af baskerne op. Det er Patxi og Richar. Vi kender dem fra basislejren, hvor deres lejr ligger kun 50 meter fra vores. Det er et par fine fyre, men desværre kan de meget lidt engelsk. Vi får dog fisket ud af dem, at de også vil gå mod toppen i morgen. Det vil være fint at være 4 i stedet for 2 om at spore.

Vækkeuret ringer desværre som aftalt klokken 0.00. Det er koldt udenfor, og soveposesuget er større end nogensinde. Jeg ligger og venter på, at Bo skal tage initiativ til at stå op, men jeg kan også godt fornemme, at han ligger og venter på mig. Men jeg gider ikke stå op. Der er dejligt varmt nede i soveposen, hvor jeg ligger med det meste af tøjet på. Udenfor soveposen er det bidende koldt, og jeg ved, at

Jan er ved nogle af de sidste forberedelser, at tage støvlerne på, men ting tager tid i denne højde. På dette tidspunkt viser hans ur 1:03, men vi var først afsted 1:38.

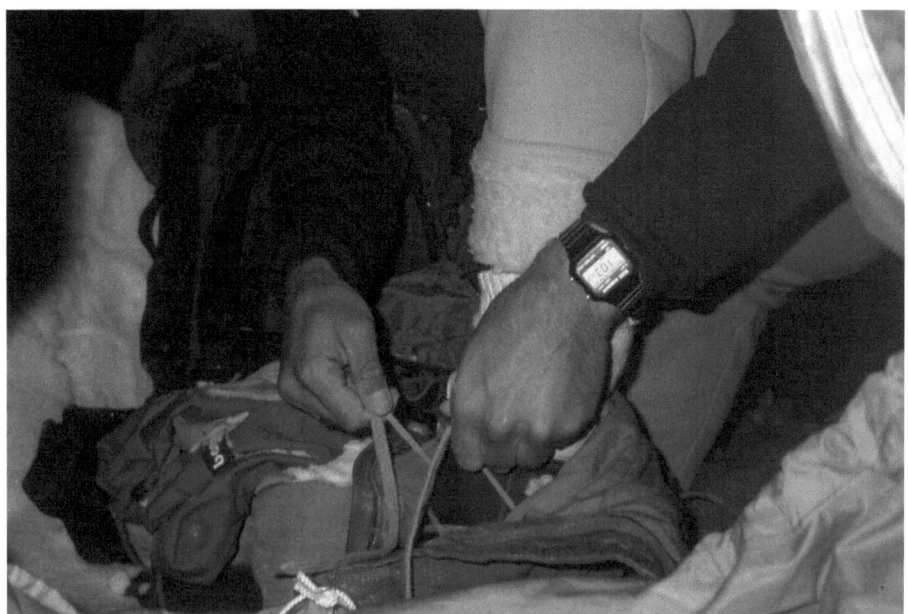

forsøger jeg at rejse mig op, rammer jeg teltvæggen på vores meget lille 2-mands telt, hvilket straks resulterer i, at jeg får en masse rim ned ad nakken. Vi snakkker lidt sammen for at vise hinanden, at vi er vågne, men hvem, der skal først ud af posen nævnes ikke.

Vi aftalte i går, at morgenmaden skulle bestå af kiks, chokolade og vand, som vi har haft i soveposen natten igennem for at det ikke skulle blive til is. Men appetitten er sløj. Kiks kan jeg ikke forestille mig overhovedet. Det vender sig i min mave ved tanken. Lidt vand glider ned, og et par stykker chokolade også, men mere bliver det ikke til.

Det bliver alligevel min sovepose, der slipper suget først. Jeg rejser mig op, og selvom jeg er meget omhyggelig, mens jeg tager min tykke fiberpelsjakke på, bliver jeg alligevel våd ned ad ryggen. Men op af posen og ud af teltet kommer jeg. Så hurtigt som muligt imellem pustepauserne får jeg kæmpet støvlerne på, og de ialt 4 snørebånd bliver bundet i de korte mellemrum, hvor jeg har hænderne fri af de dobbelte handsker. Jeg kigger et kort øjeblik på mit lille thermometer og konstaterer med forbløffelse, at det kun viser -14. Det må være

Jan på vej op ad skråningen mod passet om natten. Billedet er både rystet og Jan har bevæget sig, men det er også taget håndholdt med et par sekunders lukkertid.

højden, der indvirker.

Jeg kigger på uret, da vi endelig er klar: 1.38. Pokkers, at det tog så lang tid at komme op, men sådan er det. Alting tager bare længere tid heroppe. Nu må vi se at få fart på. Patxi og Richar og også ved at være klar, så vi starter ud alle 4: Først mig, så Bo og dernæst baskerne.

Sneen virker rimelig. Der er kun 5-10 cm blød sne her lige ovenfor lejren, og vi kan se et tydeligt spor. Det må være fra de 2 tyskere, som kom ned sent i går aftes. Også de havde måttet opgive pga dyb sne. Men det er rart at være afsted. Jeg finder ind i en god rytme, hvor de 10 skridt afløses af en pustepause, der skal forsøge at bringe vejrtrækningen under kontrol, dvs under 1 gang pr sekund.

Stejlheden stiger lidt, som vi kommer opad. Vejret er perfekt, fuldmåne og vindstille. Jeg ser bagud, at begge baskere bruger

Endnu et billede taget på flere sekunder. Vi har byttet føring, Jan er under mig og kan anes på skråningen. Udsigten er surrealistisk smuk med et svagt stjernelys på bjergene.

pandelampe. Bo og jeg har forlængst slukket vores, da der er rigeligt med månelys. Vi omgår nogle store istårne, og igen bliver det stejlere. Det er tungt arbejde, men går det støt fremad. Jeg kan se, at en af baskerne hænger et godt stykke efter. Vi ankommer til et stejlt stykke is. Det ser næsten lodret ud, selv om det nok kun er godt 60 grader. Jeg kæmper mig vildt prustende op og er meget glad for at kunne hænge i jumar'en (rebklemme) undervejs.

Efter nogle meter flader det noget ud, men det har tæret på kræfterne. Den ene af baskerne har opgivet og er på vej ned igen. Jeg går videre, men føler at tempoet ikke er, som det burde være. Jeg hiver uforholdsmæssigt meget efter vejret. Jeg frygter, at jeg er "løbet" ind i den frygtede "mur". Satans! Hvorfor er jeg i så meget dårligere form end Bo. Skal han nu være den eneste, der når toppen. Hvorfor havde jeg ikke tid til løbetræningen derhjemme? Jeg må hellere være ærlig og siger til Bo, at jeg nok har mødt "muren".

Succes eller fiasko ?

Af Bo Belvedere Christensen.

Jeg kender "muren" fra mine marathonløb. Selv om jeg aldrig er gået helt ned på den, kender jeg dens indflydelse. Når Jan så tidligt på dagen er ved at gå død, så forventer jeg på ingen måde, at han vil kunne nå toppen.

Tankerne render gennem hovedet: "Vil jeg klatre alene til toppen ?" "Tør jeg klatre alene ?" "Er Patxi stærk nok, så jeg kan følges med ham ?" "Kommer Jan over sin krise ?"

Jeg er stærkt påvirket af Jans meddelelse, det synes Jan til gengæld ikke at være. Han fortsætter ufortrødent opad. Ikke engang hans tempo synes mindsket.

Jan på vej op fra passet mellem Broad Peak Middle og Broad Peak. Vi har lige haft en lille pasuse, men vi vinder ikke mange kræfter af at holde pause. Det er stadig hårdt i 7800 meter.

72

Lidt før 6 når vi passet i 7800 m. mellem Broad Peak Middle og Broad Peaks hovedtop. Jan sætter sig og puster på en klippeblok, jeg fortsætter et lille stykke opad mod fortoppen.

Vi ved fortoppen under gode forhold skal kunne nås på 2 timer og at der herfra er ca. 1 time til Broad Peaks højeste punkt. Men vi begynder for alvor at mærke trætheden.

Vi sidder i sneen lidt ovenfor passet og hviler lidt. Patxi kommer til, han vil naturligvis følges med os nu, da Richar er vendt om.

Vi forsøger at få lidt føde ned, men jeg har en følelse af, at halsen snører sig sammen og maden bare sætter sig som en klump halvvejs nede. Normalt har jeg, i modsætning til de fleste klatrere, en god appetit i højden. Det her er noget andet.

Jeg er tydeligvis nervøs. Graten opad ser spændende ud, meget spændende og luftig. Suget fra det kig jeg lige har fået ned gennem revnen mellem klippen og isen sidder stadig i kroppen. Her troede jeg mig på sikker grund. Så pludselig ser jeg gennem hullet, at jeg spadserer på en 1 meter tyk plade af løseligt tilhæftet sne og is. Under sneen falder Broad Peaks østvæg 3000 meter næsten lodret ned til Kina. Herefter holder jeg mig nærmere klipperne, når det er muligt. Men heller ikke disse vækker den store tiltro. Store stykker kan plukkes af med hænderne. Frosten og solen på skift har gjort den oprindeligt faste klippe, en tidligere aflejring fra dybhavet, til en opstabling af løse blokke.

Efter hvilet fortsætter vi opad den stærkt slyngede grat. I Alperne ville dette være en af mine drømmeture. Her i næsten 8000 meter med mange dages konstant bevægelse opad bjerget og den deraf følgende træthed, synes bjergryggen ingen ende at tage.

Sneforholdene er luskede. Normalt bedømmer bjergbestigere kritiske forhold rimeligt ens pga. de fælles erfaringer vi har gjort. Men et af de kritiske steder, hvor dyb, løs sne ligger ovenpå glat klippe, forsøger vi tre forskellige steder. Ingen af dem synes gode. Hjertet hamrer ekstra hårdt, nervøsiteten og den tynde, iltfattige luft er i fællesskab ved at gøre det af med vores ambitioner og kræfter.

Jeg begynder at tvivle. Fortoppen er ikke i syne endnu og vi har allerede brugt over 3 timer fra passet. Vi kan måske nå fortoppen, men det bliver sent og vi skal også ned til teltet og sikkerheden igen.

Vi slider os opad en lang sneskråning. Synker sommetider i til knæene. Jeg kan mærke vibrationerne fra de andre. De er ikke positive. Ordene "vende om" bliver ikke nævnt, men de ligger i den stormende luft omkring os.

Blikket tilbage, hvor vi kommer fra, gør mig endnu mere utryg. Drømmeturen fra Alperne synes nu som mareridtet i 8000 meter. Jeg er tæt ved at ville sige ordene.

Vi kommmer op på en mellemtop og ser pludselig fortoppen og et stykke bagved den en uhyggeligt udseende grat over til hovedtoppen. Inde i mig selv tænker jeg: "en time endnu til fortoppen". Jeg skæver til

Bo og Patxi kort efter vi har forladt passet. Vi går i klippen, da sneen er lumsk og risikerer bare at være en løs tilklistret iskage, som knækker af, så snart vi belaster den.

74

uret, 9.15. Fortoppen må være målet, at gå videre end det ville være tæt på selvmordet.

Vi taler sammen for første gang i et stykke tid. Vi er alle 3 enige: med en time til fortoppen er det vores mål. Hovedtoppen er for langt borte og ser for vild ud. Med den tiltagende blæst og skyerne, der begynder at koge op, blegner vores chancer for at komme sikkert fra en bestigning af hovedtoppen.

Vi klatrer over næste rygning og pludselig indser vi vores fejlskøn. Jeg får en klump i halsen af glæde, da det pludselig går op for mig, at fortoppen er der lige foran os. Vores ene time er minimeret til 15 minutter.

Kl. 9.30 står vi på fortoppen og ser over mod den uhyggeligt udseende grat til hovedtoppen, der er et dybt gab ned til Xinjiang

Bo på vej op ad et lille klippeparti, løs farlig klippe. På snekammen nedenfor kan vore spor ses forsvindende ud i en let tåge fra det dårlige vejr, der er lige om hjørnet. Xinjiang siden koger.

Jan står på fortoppen og kigger ned i det lille pas, som vi skal ned i, før det igen går op imod hovedtoppen. Kammen ser uhyggelig ud. Vi kan ikke se bunden, men ved der er omkring 3 km ned til bunden i Xinjiang. Skyerne skjuler det, men signalerer også det dårlige vejrs komme.

siden, bunden er skjult i skyerne, der koger på denne side.

Beslutningen er ikke længe om at komme. Det suger i maven, VI FORSØGER DET. Hovedtoppen er ikke længere uopnåeligt langt borte.

Først skal i 15 meter ned fra fortoppen. Et lille klatresjted over klippe får mit åndedræt op i højeste gear. Da jeg har pustet ud fortsætter vi på den vestlige side af graten til hovedtoppen. Her går det forunderligt let og mit tempo går i vejret. Min tanke om, altid at følges med Jan, er ude af hovedet. Utålmodige som børn springer Patxi og jeg afsted. Det er langt lettere her på bagsiden end den uhyggelige isryg antydede.

Patxi står på toppen af Broad Peak og vi kan få fotograferet hinanden.

76

Efter fortoppen er det lettere end vi havde forventet. På den pakistanske side er der bare en hældende flade og nogle småklipper, men det er terræn, hvor vi nærmest kan springe afsted var det ikke for højden på over 8000 meter. Skyhavet under os får os til at skynde os.

Da isryggen ovenover os tilsyneladende nærmer sig sin kulmination søger Patxi og jeg opad.

Så ser vi det i isen lidt nedenfor kanten. De to snespyd og den lille stump reb, som Hans Kammerlander, en italiensk bjergfører, efterlod tidligere på året.

Kl. 10.35 d. 23.7 1994 omfavner Patxi og jeg hinanden, krammer

hinanden hårdt. Jeg ved ikke hvordan hans dybeste følelser er. Men jeg føler pludselig en dyb sammenhørighed med denne for mig næsten ukendte basker.

Jeg er normalt ikke sentimental, men tårerne står mig i øjnene og jeg er så bevæget, at jeg dumper ned i sneen og sidder og gemmer hovedet mellem benene. 3 års drømmerier, forberedelser og træning er gået op i en højere enhed. Mit mål er nået, min tvivl er afløst af vished. De 360 højdemeter jeg manglede i at nå Dhaulagiris top i '91 dukker op i bevidstheden. Jeg mente at kunne nå toppen af en 8000'er, men jeg måtte bevise det for mig selv. Som i løb har konkurrencen altid været inde i mig selv. Konkurrencen er slut, jeg har vundet over mig selv.

Patxi får mig på benene igen. Der er job at gøre. Jeg fotograferer ham storsmilende med fem forskellige flag. Hans kamera kræver bare hænder for at betjenes, så mine hænder er på et øjeblik stive som træstykker. Mit eget Konica Mermaid er et dykkerkamera og kan betjenes med handsker på. Med det skyder jeg uhæmmet løs i alle retninger.

5 minutter efter os andre kommer Jan prustende men med et grin fra øre til øre op til os. Symbolsk klapper han snespyddene på toppen. Vi har alle gjort den store bedrift.

Jan omfavner mig og vi lykønsker hinanden. Jeg fotograferer Jan med hans afskyelige tøjbamse-maskot. På Ama Dablam i '88 var det en klaphat han havde med.

Jan checker sit termometer. -12 grader. Med vindkølingsfaktoren svarer det til 35-40 minusgrader.

Patxi leverer bagefter beviset, billedet af Jan og mig, de første danskere på toppen af det 8047 meter høje Broad Peak.

Jan kommer op ad det sidste, lette stykke, men det går langsomt pga. højden, Jan nærmer sig trods alt 8047 meter.

Udsigten er efterhånden stort set væk i de truende skyer. Uvejret over lavlandet, som vi har hørt gav 15 cm regn i Islamabad, er på vej til os. Det kan betyde over en meter sne her, hvilket vil gøre bjerget lavinefarligt.

Men vi skal lige have tid til at nyde at nå toppen af vores første otte-tusinder.

Jan fremdrager på toppen, som han altid gør, en maskot. Den har ikke været afsløret før, så det er ikke til at vide, hvilken tosset ting, han denne gang har fundet på. En gang havde han en klaphat med. Vi var ikke så tæt på hinanden den gang, og jeg tænkte, Jan er skør, men nu glæder jeg mig nærmest til at se, hvad der gemmer sig i rygsækken.

Broad Peak med et navn, som kommer fra de tre toppe, som bjerget består af, står som en massiv mur, der tilsyneladende lukker dalen. Godwin-Austen gletsjeren for foden fortsætter dog op forbi K2 og videre til Skyang Kangri på grænsen til Xinjiang.

Man kunne fristes til at kalde det for danskerlejren, camp half, som ud over vores telte kun et enkelt koreansk telt stod i på noget tidspunkt under ekspeditionen. Vi var nærmest til grin for vores forsigtige tilgang til akklimatiseringen, men den der ler sidst ...

En formiddag er Kim på vej mod lejr 3. Lejr 2 kan anes ned på ryggen bagved og så er skyggen af Broad Peaks to højeste toppe kastet ud over Godwin-Austen gletsjeren nedenfor.

På vej mod lejr 3 med rygsække, der stadig er enorme, men der er jo også forsyninger til mindst tre dage endnu plus alt hvad der er nødvendigt for at etablere en lejr. Sådan er det, når valget er Alpin stil, det hele kommer på ryggen hver dag.

Så er der dømt motorvejsgletsjer med utallige baner! Det store sammenløb er den såkaldte Concordia plads. Bo er på vej i topforsøget fra lejr 3 for at gå op og etablere lejr 4, toplejren hvorfra topforsøget starter tidligt næste morgen.

Et billede, der ikke behøver så mange kommentarer. To lykkelige bjergbestigere på toppen af Broad Peak, men også to, som ser med bekymring på vejrudviklingen. Bag os troner K2, dog ikke så højt at syne mere, nu da vi selv står i over 8000 meters højde.

Udmattelse og irritation

Af Bo Belvedere Christensen.

Under nedturen tager blæsten til og bliver til storm. Skyerne i dalen er kommet op og, som en stor gryde på for højt blus, koger skyerne nu over bjergkammen. Luften fyldes med sne og udsigten er totalt forsvundet i grøden.

Selv om vi famler os frem i det dårlige sigt, har vi stadig vores gamle spor at følge. Det går lettere for os nedad graten nu vi ikke længere skal kæmpe os mod tyngdekraften.

Den fysiske lettelse betyder til gengæld, at kulden begynder at snige sig gennem min ellers fremragende højdedragt.

Mens vi holder et hvil kort før passet bliver det særlig slemt. Jeg begynder at ryste ukontrollabelt og bliver irriteret over, at vi i det hele taget skal holde pause. Men selv her i snestormen bliver det nødvendigt for Jan at gå på wc. Stormen fylder hans bukser med sne.

Passet er ragnarok ! Stormen presser vinden og snefoget ind gennem dette nåleøje og får det til at virke som en vindtunnel. Her står jeg og klaprer tænder med ryggen mod vinden, mens Jan går det første stykke ned. Fra tid til anden kigger jeg ned mod vinden. Mellemrummene mellem mine gletsjerbriller og almindelige briller bliver fyldt med sne og is. Alt forsvinder i tåger. Er Jan ikke snart færdig med rebet, så jeg kan komme væk herfra.

Trætheden og irritationen kommer sammen. Jeg kender det og ved jeg skal bekæmpe det. Jan og jeg behøver hinanden her og vi skal gerne være venner fremover. Den egoistiske følelse "nu er det altså min tur" skal bekæmpes i sikkerhedens og venskabets navn.

"Reb frit" synes jeg at høre i stormen. Jeg bevæger mig lettet ned ad den stejle couloir under mig. Allerede 100 meter nede tager følelsen af vindtunnel af. Nu er det bare en snestorm, hvis styrke aftager som vi kommer længere ned.

På vejen mod teltet har jeg overhalet Jan. "Hvorfor er jeg altid så træt nedad, når jeg er sammen med dig ?" spørger Jan. Spørgsmålet besvares ikke, men jeg tænker, at min fortid som langdistanceløber eller mit tykkere fedtlag giver flere ressourcer i de afgørende faser.

Teltet kommer som en kæmpe lettelse. Vi kan komme i læ for vinden og sneen og smelte vand til at dække vores enorme vædskeunderskud.

Jan hoster konstant. Irritationshoste over de store mængder iskold luft, som i løbet af dagen har passeret luftvejene. Pludselig må han have hovedet ud af teltet og kaste op. Bekymret for at have en syg mand, der skal hjælpes ned ad bjerget, spørger jeg til hans velbefindende.

"Bare rolig, det var kun pga. hosten"

Beroliget lægger jeg hovedet tilbage på min tykke fleece-jakke, der fungerer som hovedpude. I morgen klatrer vi ned til basislejren. Og så skal der festes !

Pressemeddelelse.

Henrik Jessen Hansen.

Broad Peak 8047 meter er idag den 23.7 antagelig blevet besteget af 2 danskere. Bestigningen begyndte den 17.7, hvor alle 4 danskere fra Dansk Karakoram Ekspedition klatrede til lejr 1 i 5800 meters højde. Dagen efter nåede alle lejr 2 i 6250 meters højde og blev her en extra dag til akklimatisering. Den 20.7 kom alle 4 op i lejr 3 i ca. 7000 meter i hårdt vejr. Den 21.7 var akklimatiseringsdag her. Kim Sejberg og Henrik Jessen Hansen vendte den 22. 7 om fra lejr 3 pga. maveinfektion. Jan Mathorne og Bo Belvedere Christensen fortsatte til lejr 4 i 7300 m. Idag er de gået videre mod toppen og har uofficielt nået toppen i løbet af formiddagen sammen med en baskisk klatrer. Via kikkert har vi set dem tilbage i lejr 4 kl 16 lokal tid. der er ikke radiokontakt med lejr 4 så den endelige bekræftigelse på bestigningen må vente til imorgen den 24.7. Hvis det er lykkedes de to danskere at nå toppen, gør det den danske expedition til den første iår, som når toppen med flere deltagere.

Kim Sejberg og Henrik Jessen Hansen vil lave et hurtigt forsøg mod toppen hvis vejr og helbred tillader det. Ekspeditionen har haft stor glæde af nøjagtige vejrudsigter fra DMI.

Dansk Karakoram Ekspedition 94/Henrik Jessen Hansen, ekspeditionsleder

N ed igen

Af Jan Mathorne.

I løbet af natten er det blæst op. Jeg kan høre teltet blafre og sneen smælde, når jeg en af de utallige gange er vågen i løbet af natten. Er der omslag i vejret? Kan vi nu overhovedet komme ned? Jeg vil så gerne ned idag, så jeg kan slappe af i basislejren. Vi er ikke færdige med bestigningen endnu. Vi er endnu ikke i sikkerhed.

I går aftes, da jeg var udmattet af topdagen, fik jeg overtalt Bo til at stå sent op. Vi ligger først lidt og roser hinanden for gårsdagens bedrift. Vi er stolte og glade. Ikke før i år har 2 fra samme ekspedition været på toppen samtidig. Men vi kan ikke blive ved at gasse os i soveposen og klappe hinanden på skuldrene. En af os bliver nødt til at stå først op. I dag er det Bo, der i et kort ophold i snesmældet kaster sig ud af soveposen og ud til støvlerne og højdedragten, som der simpelthen ikke var plads til inde i teltet. Men Bo har end ikke fundet højdedragten i rygsækken, før helvede bryder løs igen. Sneen vælter ned fra serac'en, og inden han er klar til at tage højdedragten på, ligger der et effektivt lag sne på hans ryg. Han børster det væk efter bedste evne, men helt tør er han ikke bagefter.

Vi har aftalt at droppe morgenmaden for at komme hurtigt afsted. Vi kan så altid spise og drikke i de lavere lejre. Eventuelt kan vi tigge os til lidt vand, så vi slipper for selv at bruge tid på at smelte sne. Vi drikker lidt vand, og pakker det sidste sammen. Det blæser voldsomt nu, og Koreanernes telt vælter. De har dog sat et snespyd som støtte, så der er ingen fare for, at det blæser de 2300 meter ned i dalen. Men de burde have sat flere.

Det går hurtigt nedad mod lejr 3. Selv om vi stadig er i over 7000 meters højde, kan vi næsten gå nedad uden pauser. Sigten er ca 100 meter, men der er heldigvis placeret små flag med passende mellemrum. I lejr 3 møder vi Patxi igen, og selvfølgelig lykønsker vi hinanden igen. Han er indtil videre den eneste fra baskernes ekspedition, der har været på toppen. Der står en strid blæst, så vi opgiver at kravle ind i deres i forvejen fyldte telt. Vi finder et tomt koreansk telt, som bliver indvaderet. Indenfor er der et frygteligt rod, men vi skal kun bruge vores brænder og det sne, som er føget ind.

Lejr 2 er mennesketom, men også her bruger vi en times tid på at smelte sne og få lidt mad. Jeg har ikke tisset siden i morges, så min vædskebalance må have været meget skæv fra i går. Mens vi er inde i teltet, klarer vejret en smule op. Da vi kommer ud igen, er der enkelte solstrejf blandet med store perioder af tåge. Vi haster videre, men nu giver det lidt varmere vejr også problemer. Sneen klumper sig sammen under støvlerne, så man føler, at man går på stylter. For ikke at glide, banker vi sneen af med isøksen for hvert femte skridt.

Jan på vej nedad i en lille opklaring i vejret, hvor vi endog kan se hele gletsjeren under os. Snefoget fra højere oppe på bjerget tager heldigvis af i løbet af dagen, ellers ville det nok have været umuligt at komme hele vejen ned i løbet af en dag.

Jeg nærmer mig langsomt lejr 1. Vi har nu gået 1500 højdemeter ned, og jeg er ved at være færdig. Jeg har det som i går i 7700 meters højde på vej opad: 10-20 skridt og pause. Bo ser ud til nærmest at løbe nedad. Jeg ved godt, det ikke passer, men det ser sådan ud. Der er ikke meget "saft" tilbage i mig, men enten skal vi helt ned, eller også skal vi satse på et tomt telt i lejr 1.

Vi fortsætter forbi lejr 1. Der er alligevel nødressourcer nok til det sidste stykke ned, selv om det går langsomt. Bo er hele tiden foran. Han hjælper og opmuntrer lidt, selv om det undrer mig, at han ikke bliver sur. Det tror jeg, at jeg ville have blevet.

Helt nede er mørket ved at falde på. Nu mangler vi kun at krydse gletsjeren. Men nu er jeg for alvor træt. Nu bliver Bo nødt til at tage over for alvor. Jeg orker kun lige at traske efter ham. Men han er også

I tågen over lejr 1 hænger et fixreb, som vi i vores trætte tilstand firer os ned ad. Jan er på vej og i et kort øjeblik, hvor tågen letter, bliver han spottet fra basecamp. De ved vi kommer!

ved at være træt, og han har også vanskeligt ved at skelne de forskellige konturer i pandelampens skær. Ved fælles hjælp forsøger vi at finde vej gennem gletsjerens labyrint af stenbjerge og istårne. Halvvejs ovre hører vi danske råb og ser nødraketter blive fyret af. Vi er set og er snart i sikker havn. Meget trætte vakler vi ved nitiden ind i lejren under stor tumult.

Tilbage i basislejren

Af Henrik Jessen Hansen.

Igår kom Kim og jeg så ned igen. Det var hårdt efter fire nætter uden ordentlig søvn og to døgn uden noget videre mad og drikke. Ingen af os turde "slippe en vind", da den nok ikke ville være tør, og jeg kunne ikke bruge mit hoftebærebælte pga mavesmerter.

Ovenpå en god nats søvn, har særlig jeg det bedre. Jeg kan drikke frit og begynder også at spise. Kl. 5.15 er jeg ude og se på vejret, det er fint, det er topvejr for Jan og Bo. Kl 9 taler jeg med baskerne, de er i wakie-talkie kontakt med lejr 3 og overbevist om, at de 3 allerede har nået toppen. Først ved tretiden ser vi nogle små prikker på vej ned over sneen fra passet under toppen, og endelig kl halvseks - seks taler jeg med Jan via en koreansk walkie-takie.

Lykkelige og lettet slapper vi af i basislejren resten af dagen. Jeg får det stadig bedre og lysten til selv at komme op vender tilbage. Jeg har stadig en meget stærk ambition om at bestige en ottetusinder. Jeg tror selv jeg kan, og det vil jeg gerne bevise. Men har jeg kræfter? Det har været hårdt med de gentagne maveinfektioner og antibiotikakure. De næste dage må vise det.

I løbet af natten slår vejret om. Det blæser og værst af alt, så kommer der en masse regn og sne. Det gør nedturen tung og farlig, og vi vil have Bo og Jan sikkert ned. Det er det vigtigste.

Den næste dag bliver lang. Tidligt hører vi igen via baskerne, at de har forladt lejr 4 og passeret dem i lejr 3. I pauserne i nedbøren, og når der er huller i skyerne, spejder vi længelsfuldt efter dem. Men der er intet at se. Der kan vel ikke være sket en ulykke. De er trætte, har været afsted i over en uge nu. Himalayabjerge tager hårdt på kræfterne. Med sneen bliver bjerget farligt. Ny sne ovenpå is er en ren lavinefælde. Og det er almen kendt, at de fleste ulykker sker under nedstigningen. Lad os dog se dem. Eller lad os få en melding om at de er sikkert i en lejr og bliver der.

Endelig, sidst på eftermiddagen ser vi to små prikker bevæge sig langsomt nedad lige over lejr 1. Er det dem? Vi kan ikke se farverne på deres tøj. Pludselig er der lettelse, Kim mener at se Jans gule bukser. (Senere fik vi at vide, at han har grønlige overtræksbukser på.)

Fida, vores kok, er ved at forberede et gigantisk vedkomstmåltid med 3 retter og 4 slags kager. Han er lykkelig; "very strong expedition", han er kok på den bedste ekspedition, den med størst succes.

Vores kok, Fida, på vejen ud over Ghondogora La passet, hvor vi går ned gennem Hushe dalen i stedet for ned ad Baltoro gletsjeren. På den måde kom vi også til at besøge Fida i hans hjem, som ligger i byen Hushe.

Vi bliver enige om at se tiden an til klokken otte, inden vi afgør om vi spiser lidt uden Bo og Jan og udsætter festen til næste dag. De kan jo stadig skønne forholdene for farlige. Det kan desværre jo også være, at det ikke var dem vi så på vej ned. Tænk ikke tanken. Kim fyrer nødraketter af for at opmuntre dem.

Lige omkring klokken otte ser vi 2 pandelamper på den modsatte side af gletcheren, overfor basislejren. Vi råber og de svarer på dansk. Det er dem, de er nede, i sikkerhed. En sten falder fra hjertet. En time senere er de hos os, der jubles og festes i den pakiskanske nat.

Et sidste forsøg

Af Henrik Jessen Hansen.

Ekspeditionen er en succes, Bo og Jan har været på toppen. Kim og jeg måtte vende om efter to dage i lejr 3 med maveproblemer og tiltagende afkræftigelse. Er vi så færdige? Nej, vi er enige om at alle skal have deres topchance, og jeg vil gerne forsøge igen.

Det er en stor tilfredsstillelse at være med på en succes, og vi har det virkelig fint sammen. Vi hygger os sammen og der har på intet tidspunkt været så meget som optræk til uenighed eller skænderier. Men jeg har også selv ambitioner, jeg vil gerne selv på toppen af Broad Peak, et af verdens højeste bjerge.

Jeg har haft problemer med gentagne maveinfektioner, ialt 5 stk. og en sejlivet forkøelse og bronchitis med daglige hosteanfald. Den sidste uge har jeg dagligt hostet seje slimklatter med blod op og næsten dagligt har jeg haft feberture. Men de sidste par dage synes jeg nu at det går bedre og jeg aftaler sammen med den baskiske ekspedition at gå op på bjerget igen den 28.7.

Planen er en hurtig fremrykning på 3 dage med overnatning i lejr 2 og 4 og dernæst på toppen. Det burde være muligt nu, da vi alle har sovet i 7.000 meters højde og er fuldt akklimatiseret. Vejrudsigten fra DMI er igen blevet god med stabile vinde fra nord, fra Kina. Der har været et par dage med skyer og nedbør, så der ligger med garanti nysne på den øvre del af bjerget og de gamle spor er væk.

Vi har efterladt telt og en sovepose samt en gasbrænder i lejr 2 mhp dette, så rygsækken bliver let det første stykke. Kim har overvejet at følge trop, men føler sig ikke frisk. Sammen med baskerne koordinerer jeg pakningen og det hele bliver klar i løbet af den 27'ende.

Vi har hørt rygter om endnu en ulykke på nabobjerget K2 og den 27'ende om aftenen ved måltidet fortæller Kazmi, vores forbindelsesofficer, os så hvad der er sket. Steve er omkommet. Han var en stor glad gut fra Californien, der selv havde opgivet på bjerget og var nede i basislejren. Mike, en af hans klatrekammerater, der er på vej ned fra toppen, er meget træt og Steve beslutter sig for at klatre tilbage op og hjælpe med at bære rygsækken. I sin dagbog skriver Steve, at han godt ved, at de faste reb er gamle og usikre, men at han vil være forsigtig.

Alligevel sker det. Lige under lejr 2 brister et reb og Steve ryger 1200 meter ned i døden. Jeg ved at bjergbestigning er farligt, at K2 er verdens farligste bjerg og at 2 % af alle der tager på Himalaya-ekspedition omkommer derved (Bo: K2 er farligt, men statistisk "kun" verdens 2. farligste). Historien med Steve påvirker mig alligevel meget da jeg har lært ham at kende. Jeg mødte ham først, da jeg besøgte K2 basislejren. Vi sad og fik en kop te da han med et stort grin trådte i imellem os og begyndte at klage over deres umulige kok. De første 10 dage havde han serveret kartofler hver dag, og da der ikke var flere af dem, var han gået igang med risene.

Vi lærte Steve rigtigt at kende, da han og en hyggelig ældre waliser, Bill, besøgte os i vores lejr i en dårlig vejrs periode. Vi sludrede i en times tid over en kop cacao. Vi talte bl.a. om sikkerhed i bjergene og var alle enige om at ukrainerne (3 omkomne i dårligt vejr) havde opført sig fuldstændigt tosset. Det var en hyggelig time og inden de var gået, var vi inviteret på klatretur både i Wales og Californien.

Og nu er Steve død, og ikke engang under jagt på egne klatreambitioner, men fordi han , som den alletiders fyr han var, ville hjælpe en træt kammerat. Det giver noget at tænke over, da jeg umiddelbart efter middagen kravler i posen for at være udhvilet til start kl 4 om  morgenen. Hvorfor klatrer man, hvorfor klatrer jeg? Er det det værd? Svaret på det andet spørgsmål er klart ja. Der ligger så store oplevelser og udfordringer i naturen og klatringen, at det er risiciene værd og det er vel også svaret på det første spørgsmål. Efter en båndside på walkmanen falder jeg i søvn.

Det er kl. 3 og uret har lige ringet. Jeg føler mig godt tilpas, ligger ikke og tøver i soveposen. På med tøjet, ud i kulden, morgentoilette og ind i messeteltet, hvor kokken har stillet en thermokande med varmt vand og cornflakes frem. Kl 4 kommer de fire baskere, der endnu har energi, vi sludrer et par minutter på en blanding af engelsk og fransk og begiver os over mod gletcheren.

Mens Henrik forsøger at komme på toppen af Broad Peak, gør Jan og jeg et halvhjertet forsøg på at komme op til og måske klatre sydkammen af Broad Peak. Det er på det tidspunkt en ubesteget rute, som lige har haft et svensk forsøg. Vi kommer dog ikke langt både pga. træthed ovenpå topbestigningen, men også pga. en meget kompliceret gletsjer.

I løbet af halvanden time har vi klatret over isvægge, sprunget over bække med iskoldt vand og vadet op ad morænen på den anden side. Her tager vi steigeisen på og gør os klar til turen op ad bjerget. Jeg føler mig godt gående, drevet frem af min ottetusindmeter ambition. Jeg lægger mig i front sammen med en af baskerne. Historien med Steve sidder dog i baghovedet, og selv på de stejle issider på over 50 grader foretrækker jeg at soloklatre udenom fixrebene. Der er måske 3 baskere hæftet ind på det tynde reb, og jeg føler mig godt og sikkert gående i isen uden rebets måske falske trykhed.

Op til lejr 1 i 5800 meters højde går det fint, det tager kun 4½ time og jeg og to unge baskiske fyre har lagt os i spidsen. De to andre er langsomt klatrende og når ikke videre den dag. Vi holder en god ½ times drikke og spise chokolade pause ved den gamle lejr. Jeg synes det indtil nu er gået fint, ihvertfald 3 af os er i god form og skal nok nå langt op.

Vi skal videre, men pludselig er jeg ramt af forhammeren. Fra at have været en leg er hvert skridt nu en tung byrde. Jeg må pausere, puste og stønne, hoste og hakke. Det at bevæge sig er en pligt. Hvad er der sket, før gik det så fint? Tag dig sammen! Sådan fortsætter det de næste 4½ time op til lejr 2 i 6300 meters højde. Akklimatiseringen er i orden og jeg har drukket en masse væske. Men isøksen er irriterende og slagene usikre, støvlerne er drilske cementklodser og benene er af bly. Bjerget er åndsvagt og de tidligere så sjove klatreproblemer er blevet til irriterende forhindringer.

Endelig, midt på dagen, nærmest vælter jeg ind i lejr 2. Inderst inde ved jeg det godt. Jeg kan dog ikke få mig selv til at formulere det. De to baskere, Jose Antonio og Pello, er venlige og opmuntrer mig. De har smeltet vand og giver lemonjuice. Er der måske alligevel en chance for mig. Svaret er nej, men det skal alligevel vendes og drejes. Fornuften mod drømmene og ambitionerne.

Fornuften sejrer dog og jeg fortæller dem, -og mig selv, at jeg ikke er frisk fra de lange perioder med infektioner og antibiotika (over halvdelen af tiden på bjerget/i basislejren) og at jeg i morgen vil pakke alt vores udstyr i lejren og klatre tilbage til basislejren.

Beslutningen var tung at tage og der ligger hele tiden et men et eller andet sted. Men den er også en lettelse, jeg ved det er rigtigt. Jeg har ikke mine sædvanlige kræfter og det vil være farligt at presse sig selv til noget dumt.

Resten af dagen går med at drikke og hvile. Da jeg kl. halvni kravler i soveposen får jeg endnu en ordentlig hoste og febertur for at understrege beslutningen. Næste dag står jeg op lidt i seks, rydder op og begiver mig forsigtigt nedad de faste reb med Steve i baghovdet.

Uforbedrelige bjergbestigere

Af Bo Belvedere Christensen.

På vej ned fra Jans og min rekognoscering af sydkammen af Broad Peak går jeg og drømmer. Jeg forestiller mig de store bjerge. En for en passerer de forbi, jeg ser dem for mig, der vejes for og imod.

Rutens sikkerhed, bjergets udstråling, min viden om forholdene generelt og beliggenheden af bjerget er forhold, der spiller ind.

Jeg kan ikke stritte imod, tankerne kommer af sig selv. Fuldkommen det samme skete efter både Ama Dablam ekspeditionen i '88 og Dhaulagiri i '91. Begge gange materialiserede drømmen sig lige så stille og endte op i en ny ekspedition.

Billedet af Makalu, 8475 meter, stopper op og hænger lidt længere, vender tilbage og ender med at fæstne sig. Er det mit næste mål ?

Jeg må delagtiggøre Jan. Mens vi går ned ad morænen, spørger jeg ham, om han har nogen ideer om målet for en ny ekspedition. Først er svaret "lad os nu lige komme hjem fra denne her".

Men jeg er utålmodig og fortæller om det drømmebillede jeg har. Jan er ikke afvisende. Kort efter går vi og snakker om detaljer omkring Makalu.

Da Jan og jeg vender tilbage til basislejren, hvor Kim og Henrik allerede er, falder samtalen over aftensmaden tilfældigt på netop emnet: Nye mål.

Min forundring er stor. Samme eftermiddag, mens Jan og jeg gik og snakkede om Makalu, har Kim og Henrik siddet og talt om det samme bjerg. Er det tankeoverførsel eller bare almindelig synkronisering af vore ideer omkring bjerges æstetiske tiltrækning og vurdering af sikkerheden af en rute.

Det er måske sådan, at en ny ekspedition fødes. Men det viser en ting om os, der er bidt af de store bjerge: Vi er uforbedrelige drømmere. Trætheden sidder i kroppen fra bestigningen af det 8047 meter høje Broad Peak, men det forhindrer mig ikke i, allerede at forestille mig i gang med den næste af verdens giganter.

Efterskrift

Den næste ekspedition blev nu ikke Makalu. Kort efter Broad Peak besluttede vi, at Mount Everest, der på det tidspunkt ikke var besteget af en dansker, skulle have et forsøg. Vi planlagde en ekspedition i 1996, men allerede året efter blev Everest besteget af Michael Knakkergaard Jørgensen (der i øvrigt døde på netop Makalu i 1999).

Det forhindrede os nu ikke i at tage afsted til Everest i '96 og ende med at blive en del af den store redningsaktion i baghjulet af den store katastrofe, hvor 8 mennesker omkom i forsøget på at nå verdens top under ustabile forhold. Jeg satte i et forsøg 14 dage efter ulykkerne dansk højderekord for bjergbestigere uden iltflasker - Michael havde brugt ilt - da jeg nåede ca. 8450 meters højde sammen med finnen Veikka Gustafsson.

Et helt særligt smukt kig tilbage mod basislejren. Øjet kan ikke undgå at se på K2, der står stor og syner ret uindtagelig med hovedet oppe i en sky, der siger alt om vejret på toppen, der ikke er optimalt for en bjergbestiger - det er det til gengæld for mig som fotograf :-)

Tilbage til afslutningen af Broad Peak, hvor vi havde et forrygende trek ud fra bjergene. Vi fik muligheden for at komme ud over Vigne gletsjeren, over Ghondogora La passet og ned gennem Hushe dalen. En meget smuk men også - specielt for bærerne - meget udfordrende tur, da Ghondogora La passet er stejlt og gletsjerdækket og bærerne ikke har steigeisen, hvilket vi heller ikke havde med til dem.

Særligt et billede, som jeg tog fra toppen af Ghondogora La, fik stor betydning for os. Det du ser er Gasherbrum gruppen, som består af 6 bjerge nummereret: den højeste Gasherbrum I, 8068 meter højt, den laveste Gasherbrum VI, 7001 meter og ubesteget. Disse to er bjergene længst ude til højre, G6 som en lille mørk pyramide foran den højere pyramide af G1.

Billedet ansporede os efter Everest i 1996 til at foretage en ekspedition i 1998 til netop G6 og G1 med det ubestegne G6 som det primære mål. Jeg har sammenfattet en bog i stil med den, du sidder med, om ekspeditionen: "Gasherbrum - De Smukke Bjerge." Se mere om den i litteraturlisten forrest i denne bog.

Da vi på 4. dagen nåede til Hushe, fik vi ydermere den dejlige oplevelse at bo hos vores kok og hans familie, som han var meget stolt af at præsentere - særlig den yngste, hans eneste søn, det er jo Pakistan og mænd er (eller måske var?) mere værd.

Som en sidenote til afsnittet om forurening på bjerget, så havde vi ud over vores eget affald 14 store tønder med tidligere ekspeditioners affald med ud. Der lå en større "køkkenmødding" tæt på vores

To af vores baskiske venner i Ghondogora La med vores fælles mål, Broad Peak, lige til venstre for Josu, ekspeditionslederen, og Richar, der var med Patxi på topforsøget, men måtte vende.

basislejr og den samlede vi sammen og tog med ud. Men forureningen i bjergene er og bliver et større og større problem specielt med de mange kommercielle ekspeditioner, hvor mange deltagere åbenbart mener, det ikke er deres ansvar at gøre noget for at holde naturen ren efter sig.